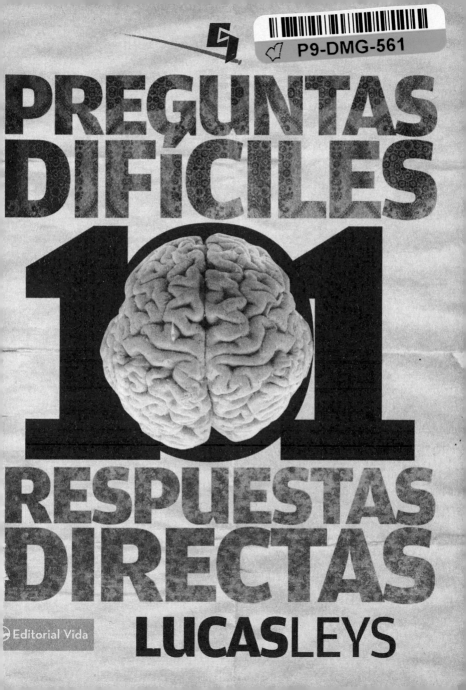

PREGUNTAS DIFÍCILES
101
RESPUESTAS DIRECTAS

Editorial Vida

LUCASLEYS

La misión de Editorial Vida es ser la compañía líder en comunicación cristiana que satisfaga las necesidades de las personas, con recursos cuyo contenido glorifique a Jesucristo y promueva principios bíblicos.

101 PREGUNTAS DIFÍCILES 101 RESPUESTAS DIRECTAS
Edición en español publicada por
Editorial Vida -2011
Miami, Florida

Edición: *María Gallardo*
Diseño de interior: *CREATOR studio.net*
Diseño de cubierta: *CREATOR studio.net*
Fotografía: *Howard Junior Lacota*

ISBN: 978-0-8297-5737-8

CATEGORÍA: JUVENIL NO FICCION/ Cristianismo
JUVENILE NONFICTION/Christianity

Impreso en los Estados Unidos de América
Printed in the United States of America

11 12 13 14 15 16 17 ❖ 7 6 5 4 3 2 1

Dedicatoria

A todo el equipo internacional de Especialidades Juveniles.
Es un orgullo servir a Dios y a esta generación junto a ustedes.

¿ESTÁ MAL ESO? 121

VOCACIÓN 153

SERVICIO | IGLESIA 167

PLAY

¿Quién no tiene preguntas? Todos las tenemos, y es bueno tenerlas. **Los ignorantes no son los que tienen preguntas, sino los que nunca se esforzaron por responderlas.** Encontrar respuestas a nuestras preguntas siempre nos ayuda a crecer, a expandir nuestro cerebro y a desarrollarnos. A mí me dan calambres cuando veo "adultosaurios" en nuestras iglesias que se conforman con las preguntas que siempre han tenido y nunca hacen nada para responderlas. Son oportunidades perdidas, porque las verdaderas convicciones nacen de las dudas. ¡Sí! No es cuando repetimos lo que nos dicen que verdaderamente creemos en algo, sino cuando, habiendo dudado o cuestionado algo, luego nos convencemos de que es verdad. Piénsalo por unos segundos para que el concepto movilice tus neuronas...

Sigamos. Como te iba diciendo, por eso es tan importante responder a nuestras preguntas más difíciles, aún aquellas que tienen que ver con la fe. Tan es así que creo que **este libro tiene el potencial de ser uno de los libros más importantes que leas en tu juventud,** y por eso te anticipo que si no quieres responder a tus dudas es mejor que se lo regales a algún otro terrícola que sí lo quiera hacer.

La idea de hacer este libro nació como resultado de conocer a miles de jóvenes con preguntas que no encuentran dónde responder. Hace ya varios años que vengo utilizando por diferentes países una dinámica que llamo: "Haz la pregunta que siempre tuviste y que nunca te animaste a hacer". La experiencia consiste en repartir papelitos por todo el auditorio y dejar que los jóvenes de manera anónima pongan en esos papeles las preguntas más importantes que tengan. Luego de recolectar los papeles en distintos recipientes, yo voy sacando preguntas al azar y hago mi mejor esfuerzo por ir respondiendo sin eliminar ninguna, armando así, interactivamente, mi conferencia. En el 99,9% de los eventos en los que he hecho esto, la experiencia resultó reveladora. Muchos se sorprenden de las preguntas que van saliendo a la luz, y también muchos se sorprenden con mis respuestas. Contrario a lo que sucede con otras conferencias, siempre me cuesta terminar estas, porque todos quieren que siga sacando papelitos hasta que salga la pregunta que ellos escribieron. Hay ocasiones en las que los organizadores del evento se asustan por lo que los jóvenes me preguntan, y no voy a negar que me he encontrado alguna vez con gente enojada conmigo por haber dado respuestas tan directas. Pero a los que se sorprenden les digo que **la ignorancia nunca es buena consejera,** y que no podemos creer que sea más espiritual dejar a los jóvenes con dudas ¿No te parece que estoy en lo correcto? Una mamá una vez se me acercó algo enojada porque su hija de 15 años me había escuchado hablar de sexo. Yo quise ser cortés con ella, pero tuve que responderle que estaba seguro de que su hija ya había hablado de sexo varias veces en la escuela, que lo había hablado con sus amigas, y que tenía a través de la televisión más información de la que ella suponía. Al tiempo esta mamá me buscó por Facebook para decirme que necesitaba ayuda porque había encontrado unos mensajes de texto en el teléfono de su hija en los que aparentemente un novio (que ella no sabía que su hija tenía) le estaba hablando de las caricias apasionadas que se habían dado la otra noche.

Por todo esto es que nació este libro.

GO

Este no es un libro para leer de corrido desde esta página hasta la última. Se puede saltar a la pregunta que quieras en la página que quieras. Las 101 preguntas están divididas en 10 categorías, y como te contaba nacieron del experimento de responder preguntas anónimas a miles de jóvenes alrededor del mundo. Es por esto que dentro de cada categoría las preguntas están "desordenadas", como si hubieran salido de una caja en la que acabamos de mezclar todas. Algunas las recibí en Cuba, otras en Perú, otras en Estados Unidos, varias en España, muchas en Argentina, bastantes en Guatemala y así probablemente en todos los países de habla hispana del mundo.

Las 10 categorías son las siguientes:

- **Biblia - Teología**
- **Vida espiritual - Voluntad de Dios**
- **Amistades - Noviazgo**
- **Padres**
- **¡Sexo!**
- **¿Está mal eso?**
- **Vocación**
- **Servicio - Iglesia**
- **Consejería**
- **Preguntas personales**

DOS ADVERTENCIAS

1. Cuando algunos líderes y pastores amigos míos se enteraron de que iba a escribir este libro me dijeron que hacer un libro de este tipo les parecía muy valiente, e incluso uno trató de disuadirme para que no lo haga. Obviamente me gustó que me dijeran que les parecía valiente pero tuve que preguntarles por qué me lo decían, ya que no estaba seguro de entenderlos... Lo que muchos me dijeron es que conociéndome sabían que el libro iba a ser muy directo y que no solamente iba a tocar temas tabú sino que muchas respuestas iban a ser controversiales y podía haber gente que no estuviera de acuerdo. Yo les dije que sí, que anticipaba eso, pero que alguien tenía que hacerlo. No responder a las preguntas de los jóvenes por miedo a que alguien se enoje o no esté de acuerdo conmigo sería ser cómplice de la ignorancia y del conformismo que justamente deben quedar atrás. Claro que va a haber respuestas con las que no todos estén de acuerdo, pero déjame asegurarte que cada una de ellas fue elaborada con mucha investigación, respeto por la revelación de Dios, y responsabilidad. De hecho, muchas repuestas vienen directamente de la Biblia y mi trabajo fue simplemente apuntarte hacia ellas.

2. Muchas preguntas y respuestas se relacionan entre sí, y hasta es posible que algunas repuestas te respondan otras preguntas, y que algunas repuestas te generen nuevas preguntas. También es posible que algunas preguntas y respuestas te parezcan cosa de niños. Al ir escuchando preguntas en diferentes escenarios me di cuenta de que **en algunas partes del mundo hay cosas que todos hablan sin pudor, aunque en otros ámbitos no se pueden tratar en público.** A veces incluso no es cuestión de países, sino que lo que ocurre es que de una iglesia a la otra hay un mundo de diferencia. Por eso también es que te recomiendo buscar en el índice tus preguntas e ir directo a ellas. De todos modos, te sugiero que luego revises las repuestas a las otras de las preguntas que no te interesan tanto. Te puedes sorprender. Pero basta de instrucciones. (*¡¡¿A quién le gustan?!!*). Aquí van las 101...

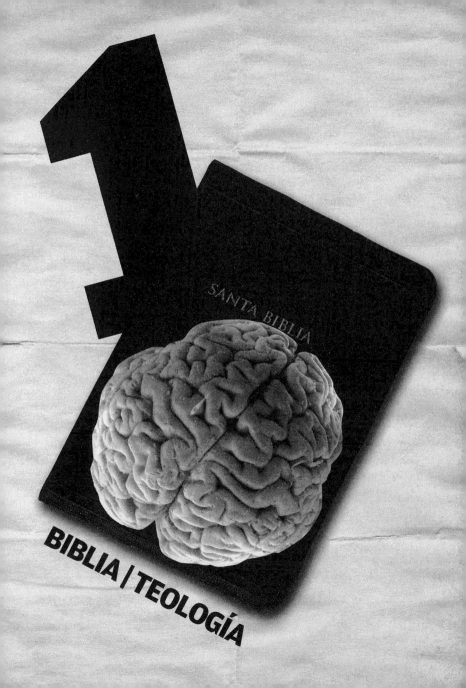

1

SANTA BIBLIA

BIBLIA / TEOLOGÍA

LO QUE CREAMOS
ACERCA DE DIOS Y
ACERCA DE LA BIBLIA
VA A DEFINIR LA CLASE
DE CRISTIANISMO QUE
PODREMOS DISFRUTAR.

"Tu palabra es una lámpara a mis pies;
es una luz en mi sendero."
Salmos 119.105

1. ¿Cómo se creó Dios o quién lo creó?

Dios es eterno. Esto quiere decir que existió siempre y que nunca dejará de existir. Dios no es un ser creado, sino que es el Creador de todo lo que existe. Nadie lo creó; Él existió desde antes del comienzo de los tiempos. La Biblia, en Salmos 90.2, nos dice: "Desde antes que nacieran los montes y que crearas la tierra y el mundo, desde los tiempos antiguos y hasta los tiempos postreros, tú eres Dios".

Para Dios no existen ni el tiempo ni el espacio como para nosotros, sino que Él está presente en todo tiempo y en todo lugar. Es un concepto difícil de entender para nuestro pensamiento humano, pero la realidad es que Dios no tiene principio ni fin. Hay cosas que no alcanzamos a comprender porque nuestra mente es limitada y Dios no tiene límites. Pero el mismo Señor nos explica en Apocalipsis 1.8: "«Yo soy el Alfa y la Omega —dice el Señor Dios—, el que es y que era y que ha de venir, el Todopoderoso.»" ¿Sabes qué significa que Dios es el Alfa y la Omega? El Nuevo Testamento fue escrito en el idioma griego. Alfa es la primera letra, y Omega es la última letra del alfabeto griego. Esa frase, entonces, indica que el Señor es la totalidad absoluta, que lo abarca todo y que no existe nada ni nadie que pueda estar fuera de su control. Por eso mismo es que en algunas de mis conferencias digo que Dios no existe sino que Dios es... ¡Sí! Aunque suene confuso (o hasta para algunos gracioso o chocante), es así. La existencia está delimitada por el tiempo y el espacio, pero como ya dijimos Dios es eterno y además la Biblia dice que es omnipresente (que puede estar en todos lados al mismo tiempo), por lo cual Dios simplemente "es". Por eso dijo que su nombre era "«Yo Soy el que Soy»" (Éxodo 3.14).

2. ¿Cómo puedo evangelizar a mis amigos ateos? Ellos tienen demasiados argumentos en contra de la Biblia.

Es importante que tengas en claro desde un principio que la verdadera evangelización tiene más que ver con dar testimonio de quién es Cristo en nosotros que con una argumentación acerca de la veracidad y confiabilidad de la Biblia. Aunque algunos se molesten, tengo que decir que no conozco a nadie que le haya entregado su vida a Cristo porque en una discusión lo convencieron de que la Biblia dice la verdad.

Sin duda creo en una fe defendible y en que podemos discutir con los no cristianos respecto de la veracidad de la Biblia (y ganar la discusión) y para esto pueden ayudarte estas primeras respuestas de este libro. Pero discutir sobre la veracidad de la Biblia no es la mejor herramienta para guiar a otros hacia Jesús. Lo que hace que sea poderoso lo que se enseña en la Biblia es primeramente nuestra relación personal con Dios, y sin esa relación, sin el testimonio que esa relación produce, queda invalidado a los ojos de los demás lo que podamos decir sobre la Biblia. Nuestro estilo de vida es siempre nuestro mejor argumento, y si es el estilo de vida propuesto en la Biblia no tardaremos en tener el fruto del Espíritu Santo, lo cual automáticamente nos hará una persona más atractiva para los demás, quienes querrán escuchar lo que tenemos para compartir.

Habiendo dejado eso establecido, por supuesto que podemos discutir (o argumentar), y de hecho esa es también una de las razones por las cuales escribí este libro. La misma Biblia dice: "...Estén siempre preparados para responder a todo el que les pida razón de la esperanza que hay en ustedes." (1 Pedro 3.15). Los argumentos más comunes en contra de la Biblia son los referidos a la evolución (aquí cerca tienes una pregunta sobre eso), a la sangrienta conquista de la tierra prometida, al nacimiento virginal de Cristo, y a la resurrección. Aunque muchas veces lo interesante es que las **personas que acusan a la Biblia de estar "llena de contradicciones", luego se contradicen a sí mismas, porque si les preguntas cuáles son esas contradicciones, ¡no pueden citar ninguna!**

Finalmente, si el tema realmente te interesa, yo te recomendaría que visites tu librería local. Hay muchos libros de "apologética" (no te asustes, así se llama la disciplina que expone las pruebas y fundamentos de la verdad de nuestra fe) que contienen respuestas inteligentes y bien argumentadas para todas las objeciones que puedan tener tus conocidos respecto de la Biblia. Incluso también hay varios libros que son buenos para prestar o regalar, que están escritos en un lenguaje accesible y que resultan muy atrapantes, como por ejemplo El Caso de Cristo de Lee Strobel (hay una versión juvenil, ideal para tus amigos), el ya clásico Más que un carpintero de Josh McDowell, y muchos más.

3. ¿Es realmente confiable la Biblia?

Esta pregunta es muy importante porque aunque nosotros mismos no dudemos de la confiabilidad de las Escrituras (ya que la fe nos permite experimentar su vigencia en nuestras vidas) debemos estar preparados para contestarle por qué es que decimos que la Biblia es confiable a cualquiera que nos pregunte acerca de este tema.

Hay dos aspectos a considerar en cuanto a la confiabilidad de la Biblia: por un lado, demostrar que los textos se mantuvieron inalterables a través de los siglos, y por otro lado, afirmar que los escritores de los 66 libros de la Biblia escribieron verdaderamente inspirados por Dios.

Lo que la Biblia relata transcurre en lugares reales, no imaginarios, y en momentos definidos de la historia, y se refiere a acontecimientos que verdaderamente sucedieron y son citados por diferentes libros de historia y que nada tienen que ver con la Biblia. Los científicos que se dedican a estudiar los documentos antiguos, tanto de historia como de literatura, tienen procedimientos para determinar si un escrito ha sido bien conservado a través de las sucesivas copias y traducciones. Y todos ellos coinciden en que el texto de la Biblia que tenemos en la actualidad tiene una asombrosa exactitud con respecto a lo que se escribió originalmente. Incluso a medida que los arqueólogos descubren manuscritos más antiguos que los que ya tenían, más maravillosa resulta la exactitud con la que coinciden estos con las versiones posteriores.

En resumen, los expertos en textos antiguos, crean o no en la veracidad de la Biblia desde un punto de vista religioso, no pueden, basándose en todos los métodos de la crítica textual, poner en duda que los textos de las Escrituras se han conservado asombrosamente fieles a los manuscritos originales.

Pasemos ahora al tema de la inspiración de los libros de la Biblia. Los 66 libros de la Biblia fueron escritos a lo largo de 1600 años, por 49 autores diferentes, que en su mayoría no se conocieron entre sí, que tenían muy diferentes personalidades, profesiones y niveles de educación, y que vivieron en lugares diferentes. Unos eran reyes, otros pastores, otros sacerdotes.

Unos eran impulsivos, otros reflexivos, otros contemplativos. Sin embargo, a pesar de toda esta diversidad, la Biblia presenta una coherencia absoluta, tiene un hilo conductor (que es el plan de Dios para la humanidad), y no se contradice en ningún momento.

Otro argumento indiscutible respecto a la confiabilidad de las Escrituras son todas las profecías bíblicas sobre reyes, ciudades, pueblos e imperios, que se han ido cumpliendo una tras otra a lo largo de la historia. Sobre todo, encontramos en el Antiguo Testamento más de 300 profecías acerca del Mesías, que podemos ver cumplidas en la persona de Jesús de Nazareth, el Cristo.

La unidad de la Biblia, desde Génesis hasta Apocalipsis, sólo tiene una posible explicación, y es que hay un solo autor detrás de todos esos escritores. ¡Todos ellos escribieron por inspiración de Dios! ¿Y para qué? Para que nosotros podamos tener hoy esta carta de amor de Dios en nuestras manos.

4. ¿Qué tengo que creer respecto de la "teoría de la evolución"? ¿No es algo ya probado que "descendemos del mono"?

Déjame comenzar aclarándote que la idea de la "selección natural de las especies" o "teoría de la evolución", por la cual se cree que el hombre desciende de los monos, requiere una cantidad similar o mayor de fe que la que se requiere para creer lo que nos enseña la Biblia. Ambas posiciones podrían describirse mejor como "filosofías respecto al origen de la vida" que como "teorías científicas", ya que aunque creamos que la Biblia dice lo correcto no podemos afirmar que sea un libro científico, y por su parte, en el caso de la teoría de la evolución, nunca se ha probado su veracidad científica y por eso se llama justamente "teoría".

De hecho, la teoría de la evolución incluso se contradice con algunas otras teorías científicas, como por ejemplo con la "segunda ley de la termodinámica" que indica que si se deja todo solo, todo tiende a desordenarse cada vez más, y no a ordenarse y hacerse más complejo (me imagino que esto lo has probado con tus juguetes desde tu niñez). La teoría de la evolución también supone que los cambios o mutaciones son siempre beneficiosos, mientras que la observación de la naturaleza nos muestra que a veces no resulta así.

Por todo esto, siempre que escuches hablar responsablemente de la teoría de la evolución vas a escuchar hablar de "eslabones perdidos" o de "misterios" todavía no resueltos. Vuelvo a la afirmación inicial. Ni la teoría de la evolución ni la de la creación especial por parte de Dios se pueden comprobar en un laboratorio. Las razones son que la creación especial ocurrió una vez y la evolución es demasiado lenta como para que se pueda observar.

¿Qué responder entonces cuando te preguntan sobre este tema? Te hago dos recomendaciones: Primero yo respondería lo siguiente: la teoría de la evolución, en particular en lo que respecta al ser humano, nunca ha sido demostrada, y por lo tanto no es necesario afirmarla ni creerla como si fuera un hecho científico. Y segundo, recuerda que la Biblia no es un libro primariamente de biología ni de antropología, así que enfócate en lo que estamos bien seguros que la Biblia destaca: Dios creó todas las cosas y las puso en orden para que funcionen. Y dentro de su creación estuvo el ser humano, a quién Dios creó para amarlo, y quién no puede ser feliz sin corresponderle a Dios. Es por eso que quien no tiene una relación con el Creador tiene un vacío que no puede llenar con ninguna otra cosa que no sea Dios.

5. ¿Con quiénes se casaron los hijos de Adán?

A primera vista, la esposa de Caín presenta un problema de lógica para la Biblia. Si Dios creó solamente a Adán y a Eva, ¿con quién se casó su hijo? Sin embargo, el problema no es tan grande cuando recordamos dos cosas:

Primero: **La Biblia es un texto primordialmente enunciativo y no taxativo. Grábate esas palabras.** ¿Qué quieren decir? Que la Biblia no cuenta todo lo ocurrido, y que el hecho de que algo no sea contado en la Biblia no significa que no ocurrió o que la contradice (esto nos va a ayudar también con las repuestas a otras de las preguntas en este libro).

Un ejemplo claro de esto es cuando se nos dice que fue imposible contar todas las historias de lo que hizo Jesús: "Jesús hizo muchas otras señales milagrosas en presencia de sus discípulos, las cuales no están registradas en este libro." (Juan 20.30). Otro ejemplo es el hecho de que no se prohíben explícitamente las drogas en la Biblia, y eso no significa que estén aprobadas. Otro ejemplo más son determinadas manifestaciones que hoy se le atribuyen al Espíritu Santo, y que algunos niegan porque no están en la Biblia...

Repito: que algo no se mencione en la Biblia no quiere decir que la Biblia niega que haya ocurrido o que no exista, ni quiere decir que por existir esto contradiga a la Biblia. (Si la contradice no depende de que la Biblia lo mencione o no. Por ejemplo, algo puede ser malo sólo por violar los principios o los mandamientos bíblicos, aunque no esté expresamente prohibido en ningún versículo.)

Segunda cosa a tener en cuenta: Entre una escena y la siguiente de la Biblia pueden haber pasado muchos años, y eso es muy común en todos los libros de historia antigua. En ellos no necesariamente se respeta una cronología exacta, sino que se nos cuenta sólo lo más importante.

Teniendo estas dos ideas en mente, es más fácil entender que entre el nacimiento de Caín y Abel (en Génesis 4.1-2), y el casamiento de Caín (en Génesis 4.17) pudieron haber pasado muchísimos años. Hay que recordar también que cuando la Biblia nos cuenta las edades de sus primeros protagonistas, es común que se diga que ellos vivieron varios siglos. Ahora, ¿cómo puede ser eso posible? Bueno, no es tan difícil tampoco considerando que Adán y Eva nacieron en un mundo perfecto y eran genéticamente perfectos. En Génesis 3.20 leemos que Eva es llamada "la madre de todo ser viviente", por lo tanto pudo tener muchísimos otros hijos e hijas. De hecho, en Génesis 5.4 se afirma que "Después del nacimiento de Set, Adán vivió ochocientos años más, y tuvo otros hijos y otras hijas".

El último problema que esta cuestión nos deja es que Caín entonces se tuvo que haber casado con una hermana, una sobrina, o la nieta de algún hermano... Pero la prohibición del "incesto" (así se le dice a tener relaciones sexuales entre familiares) recién fue dada a Moisés muchos siglos después.

6. ¿Por qué no están los dinosaurios en la Biblia?

Una vez más aclaro lo siguiente: la Biblia es un texto primordialmente enunciativo y no taxativo. Eso quiere decir que la Biblia no nos relata todo lo que sucedió en todas las épocas del mundo, sino que nos cuenta, de entre todo lo sucedido, únicamente lo que Dios desea que conozcamos de manera especial, o desde cierto punto de vista especial. Es cierto, no aparecen los dinosaurios, que sin lugar a dudas existieron. Pero tampoco aparecen en la Biblia muchas guerras de la antigüedad que están en los libros de historia, ni las olimpíadas griegas, Pitágoras, los gatos de angora, o el continente Americano, y eso no los hace menos reales ni tampoco hace que la Biblia sea menos veraz. ¿Qué quiero decir con todo esto? Que creo que los dinosaurios no están en la Biblia porque Dios no tenía nada especial para decirnos al respecto, nada que no supiera que los hombres eventualmente iban a descubrir por sí solos (con las excavaciones arqueológicas, los avances de la ciencia, y todo eso).

La verdad es que no entiendo a aquellos que niegan la veracidad de la Biblia porque no menciona ciertos animales que se extinguieron (algo que ha seguido ocurriendo en siglos recientes con otras especies), pero tampoco entiendo a aquellos cristianos que niegan que los dinosaurios hayan existido sólo porque la Biblia no los menciona. Pienso que la gente, en lugar de enfocarse tanto en lo que NO está en la Biblia, debería preocuparse un poco más por lo que SÍ está en la Biblia. Por lo que Dios nos cuenta acerca de Él mismo, de su carácter, de sus propósitos para nosotros, de su amor, de sus planes, de sus mandamientos y de sus consejos de sabiduría. **Aunque la**

Biblia menciona muchos animales, debemos recordar que no es un libro de biología, de la misma manera que, aunque tiene números, gracias a Dios no es un libro de matemáticas...

7. Si Dios nos ama, ¿Por qué tenemos que sufrir?

Lo primero que debemos entender es que Dios nos ama tanto que nos hizo libres. Él es omnipotente, así que podría habernos creado como robots que siempre le obedezcan. Pero Él quiere que le obedezcamos voluntariamente por amor. Pensemos: ¿Qué gracia tiene el amor si es obligatorio? Imagina que alguien creara un robot para que lo ame... esto ni se compara con que otra persona libremente decida amarte, ¿verdad? Bueno, por eso Dios nos dio "libre albedrío", lo que quiere decir que tenemos la posibilidad de elegir entre creerle y obedecerle, o ignorar sus instrucciones y hacer lo que mejor nos parezca a pesar de que las consecuencias nos hagan sufrir.

Cuando, usando este libre albedrío, tomamos decisiones desafiando las instrucciones de Dios para nuestras vidas, entonces quedamos expuestos a situaciones que nos harán sufrir a nosotros y también a otras personas. Paralelamente, estamos también expuestos a sufrir a causa de los pecados de otros, los cuales nos pueden afectar de diversas formas. En resumen podríamos decir que la mayor causa de sufrimiento en el mundo es la necedad del hombre al desafiar las leyes de Dios. Las leyes de Dios no se deben romper, así que cuando vamos en contra de ellas, los que nos rompemos somos nosotros.

Pero, ¿y qué del sufrimiento que no es consecuencia de un pecado personal? En la Biblia encontramos explicaciones sobre algunos de los motivos que Dios puede tener para permitir que pasemos por un tiempo de sufrimiento. Y siempre, aunque en el momento no lo comprendamos, podemos confiar en que su propósito es de bendición.

Por ejemplo, puede que el Señor esté permitiendo que pasemos por una situación de sufrimiento para impulsarnos a volver a sus caminos. En Salmos 119.67 dice: "Antes de sufrir anduve descarriado, pero ahora obedezco tu palabra". Aquí el salmista reconoce que andaba descarriado, y el sufrimiento que experimentó lo hizo volver al Señor.

Relacionado con esto, están también aquellos casos en que sufrimos porque el Señor nos está disciplinando, es decir, nos está corrigiendo. Mira estos versículos:

"¡Cuán dichoso es el hombre a quien Dios corrige! No menosprecies la disciplina del Todopoderoso. Porque él hiere, pero venda la herida; golpea, pero trae alivio." (Job 5.17-18)

Por otra parte en 2 Corintios 1.4 descubrimos que a veces Dios permite una situación dolorosa pero a la vez "nos consuela en todas nuestras tribulaciones para que con el mismo consuelo que de Dios hemos recibido, también nosotros podamos consolar a todos los que sufren". O sea que lo permite para que podamos comprobar cómo Él nos consuela, y a partir de esa experiencia podamos ser útiles para consolar a otros.

Ahora quiero mostrarte otro posible motivo para que alguien sufra, que el mismo Señor nos revela. Se encuentra en Juan 9.1-3:

"A su paso, Jesús vio a un hombre que era ciego de nacimiento. Y sus discípulos le preguntaron: —Rabí, para que este hombre haya nacido ciego, ¿quién pecó, él o sus padres? —Ni él pecó, ni sus padres —respondió Jesús—, sino que esto sucedió para que la obra de Dios se hiciera evidente en su vida."

Jesús luego lo sanó, y el ciego pudo ver. Como te podrás imaginar, este hombre había sufrido mucho por ser ciego. Pero Dios usó esa situación para mostrar a muchos su amor. Es decir que una situación de sufrimiento puede ser utilizada por Dios para que, al intervenir en ella, se pongan de manifiesto su gloria y su poder.

Por último quiero decirte algo que es quizás lo más importante para comprender los propósitos de Dios en permitir que suframos: Dios quiere que sus hijos lleguen a ser maduros y con un carácter que muestre el fruto del Espíritu Santo. Las pruebas y dificultades que enfrentamos, cuando lo hacemos de la mano de Jesús, perfeccionan nuestro carácter y nos ayudan a madurar. Muchas veces es en los momentos de sufrimiento cuando más buscamos a Dios, y si lo hacemos, no sólo salimos fortalecidos de la prueba sino que también llegamos a conocer a Dios de maneras nuevas. Y esto es lo que el Señor busca, que cada día lo conozcamos mejor, para que cada día lo amemos más y confiemos más en Él.

8. ¿Por qué los evangelios cuentan algunas historias de manera tan diferente que parece que se contradicen?

¿Nunca has observado que luego de ver una película con amigos, al reunirse a comentarla resulta que uno reparó en algo que los otros no notaron, y otro escuchó algo que los demás no habían escuchado? Aún en una predicación, alguien recibe como importante una palabra que a otros no les resultó trascendente, pero no le da importancia a algún dato que para otro resulta central. Así que si algún día no has podido concurrir a la reunión, y quieres conocer sobre qué trató el mensaje, te aseguro que si le preguntas a una sola persona, tendrás sólo una versión limitada de lo que se dijo. Pregunta a dos o tres más, y recién entonces te aproximarás a la versión completa.

De la misma manera, los cuatro evangelios dan testimonio de Jesús de Nazareth, el Cristo, de lo que hizo, lo que dijo, de quién es Él... pero lo hacen a través de la percepción personal de cada uno de los evangelistas. Dios usa la diversidad para transmitirnos un panorama más completo, rico y armonioso de la vida y obra del Señor Jesús.

Es interesante saber que Mateo redactó su evangelio para ser presentado principalmente a los judíos, adoptando un enfoque y un lenguaje que resultara familiar al auditorio hebreo. Marcos tuvo como principales destinatarios a los romanos, por lo que se adaptó su estilo a la mentalidad y carácter de ese pueblo. Lucas, en cambio, escribió pensando en un auditorio griego, exponiendo el evangelio en un estilo acorde precisamente al pensamiento griego. Y Juan, el discípulo más cercano a Jesús, gracias a esa intimidad pudo transmitirnos cosas que sólo él conocía del Señor.

¿Qué duda puede haber de que Dios dispuso esta diversidad de versiones para dejarnos un testimonio más completo y abarcador del evangelio de Jesucristo, y así llevar el mensaje a todos los pueblos y culturas con la mayor riqueza posible?

En resumen, si bien es cierto que existen diferencias en las narraciones de los cuatro evangelistas, no hay discrepancias entre ellas, es decir que nunca se contradicen entre sí, y es precisamente su variedad la que enriquece el panorama que nos revelan los evangelios.

Aún las aparentes contradicciones que algunos citan siempre tienen una explicación. Te daré un ejemplo: Mateo (Mt 27.44) y Marcos (Mr 15.27,32), al hablar de los dos ladrones crucificados con Jesús, dicen que los dos se burlaban de Él. Lucas (Lc 23.39-43) dice que uno de ellos se burlaba y el otro reprendió a éste y se entregó a Jesús. Ahora bien, la crucifixión duró varias horas, por lo que es muy posible que hayan sucedido las dos cosas: que hayan comenzado los dos ladrones burlándose de Jesús, y al cabo de un tiempo, uno de ellos haya experimentado la conversión. Es probable que cada uno de los evangelistas haya registrado el episodio según cada uno lo percibió. Esta forma de analizar las aparentes discrepancias considerando los distintos enfoques posibles de un mismo episodio, nos permite comprobar que todos los hechos que los evangelistas relatan son verdaderos.

9. ¿Por qué hay tanta diferencia entre el Dios del Nuevo Testamento y el del Antiguo Testamento?

Dios es inmutable. Esta palabra difícil significa que no cambia, que es siempre el mismo. Es lógico: **si Dios es perfecto, no podría ser algunos días más perfecto (porque perfecto es perfecto)**, ni podría ser otros días menos perfecto (porque ya no sería perfecto). De la misma manera, si Dios es infinito, no puede algunas veces ser más infinito y otras veces menos infinito, porque infinito sólo puede ser infinito. Su Palabra lo dice: "Yo, el Señor, no cambio." (Malaquías 3.6), y también leemos que: "Toda buena dádiva y todo don perfecto descienden de lo alto, donde está el Padre que creó las lumbreras celestes, y que no cambia como los astros ni se mueve como las sombras." (Santiago 1.17)

Entendido esto, debemos entender también que **Dios es amoroso, clemente y misericordioso siempre, y también es justo y aborrece el pecado siempre.** Lo vemos mostrando su amor y su misericordia en el Antiguo Testamento así como en el Nuevo, y lo vemos expresando su ira santa y su juicio ante el pecado en el Antiguo Testamento tanto como en el Nuevo.

Por ejemplo, miremos con cuánto amor, después de la caída y antes de expulsar a Adán y a Eva del jardín del Edén, "Dios el Señor hizo ropa de pieles para el hombre y su mujer, y los vistió." (Génesis 3.21). ¡Y cuántas muestras de misericordia encontramos en el Antiguo Testamento! Misericordia de Dios hacia su pueblo, que le es infiel una y otra vez, y Él una y otra vez los perdona...

Es cierto que en Antiguo Testamento lo vemos descargar su juicio sobre los pecadores, como lo hizo en tiempos de Noé con el diluvio (Génesis 6.17) o sobre Sodoma y Gomorra (Génesis 13.13 y 19.24-25). Pero encontramos expresiones igualmente duras en el Nuevo Testamento. El mismo Señor Jesús dice: "El Hijo del hombre enviará a sus ángeles, y arrancarán de su reino a todos los que pecan y hacen pecar. Los arrojarán al horno encendido, donde habrá llanto y rechinar de dientes." (Mateo 13.41-42).

Entonces, ¿por qué muchos se hacen la pregunta que estamos respondiendo aquí? Es evidente que hay ciertos sucesos en el Antiguo Testamento que nos cuesta asociar con un Dios que es a la vez justo y amoroso, como por ejemplo los episodios ocurridos en la conquista de la tierra prometida, relatados en el libro de Deuteronomio. La clave está en lo que como su pueblo hemos ido aprendiendo de Dios a medida que su plan se ha desarrollado ante nuestros ojos.

En el Antiguo Testamento todavía el mesías no había llegado. Lo hebreos conocían la promesa, pero es obvio por lo que ocurrió con Jesús que no estaban del todo seguros de cómo se iba a manifestar. Eso nos da la pauta de que el Dios que ellos creían conocer les sorprendió mostrándoles una nueva faceta que ellos todavía no habían entendido a pesar de que Dios había sido siempre el mismo.

El punto es que Dios tuvo que ir educando a su pueblo en lo que respecta a su identidad, para que ellos pudieran entender lo suficiente sobre quién es Dios y cuáles son sus intenciones, lo cual se hizo mucho más claro en Jesucristo. Hoy, leyendo a quienes (inspirados por el Espíritu Santo) nos escribieron acerca la identidad de Jesús, tenemos mucha más luz sobre quién es exactamente Dios. Jesús mismo nos dijo lo siguiente: "Si ustedes realmente me conocieran, conocerían también a mi Padre. Y ya desde este momento lo conocen y lo han visto." Juan 14.7

10. ¿Dónde estaba Jesús antes de nacer?

Jesús hombre nació de la virgen María en un pesebre. Sin embargo Cristo, el Hijo de Dios, ya existía desde antes de que naciera el niñito en Belén. Todos los estudiosos están de acuerdo en que los primeros versículos del evangelio de Juan son una clara referencia a Cristo. Aquí te los dejo, porque se explican solos... Recuerda que donde habla de "el Verbo" y de "la luz", se está hablando de Jesús:

"En el principio ya existía el Verbo, y el Verbo estaba con Dios, y el Verbo era Dios. Él estaba con Dios en el principio. Por medio de él todas las cosas fueron creadas; sin él, nada de lo creado llegó a existir. En él estaba la vida, y la vida era la luz de la humanidad. Esta luz resplandece en las tinieblas, y las tinieblas no han podido extinguirla. Vino un hombre llamado Juan. Dios lo envió como testigo para dar testimonio de la luz, a fin de que por medio de él todos creyeran. Juan no era la luz, sino que vino para dar testimonio de la luz. Esa luz verdadera, la que alumbra a todo ser humano, venía a este mundo. El que era la luz ya estaba en el mundo, y el mundo fue creado por medio de él, pero el mundo no lo reconoció. Vino a lo que era suyo, pero los suyos no lo recibieron. Mas a cuantos lo recibieron, a los que creen en su nombre, les dio el derecho de ser hijos de Dios. Éstos no nacen de la sangre, ni por deseos naturales, ni por voluntad humana, sino que nacen de Dios. Y el Verbo se hizo hombre y habitó entre nosotros. Y hemos contemplado su gloria, la gloria que corresponde al Hijo unigénito del Padre, lleno de gracia y de verdad." (Juan 1.1-14)

Así que la respuesta es esta: Cristo existe, o mejor dicho "es", desde siempre, al igual que Dios Padre y que el Espíritu Santo. Y antes de nacer como hombre estuvo junto al Padre en todo lo que Él hacía, desde la creación del mundo. Luego vino al mundo, nació, vivió, y murió como hombre... ¿Y dónde está ahora? La Biblia nos dice que fue al cielo y está sentado a la derecha del Padre. Pero antes de sentarse, ¿sabes lo que hizo? Escúchalo de la propia boca de Jesús, porque sus palabras son hermosas:

"En el hogar de mi Padre hay muchas viviendas (...) Voy a prepararles un lugar. Y si me voy y se lo preparo, vendré para llevármelos conmigo. Así ustedes estarán donde yo esté." (Juan 14.2-3)

11. Si Dios es justo, ¿Por qué hay hambre en el mundo?

Dios es justo, pero el hombre no lo es. **Dios puso en su creación más que suficiente para sustentar con abundancia a todas sus criaturas.** Lamentablemente, cuando el hombre decidió que quería ser independiente de Dios, no sólo se rompió la armonía entre el hombre y Dios, sino que la caída también afectó la relación del hombre con la naturaleza y con sus semejantes.

En la época del Antiguo Testamento, para que a nadie le faltara alimento, el pueblo tenía instrucciones precisas dentro de la Ley que el Señor les había dado, acerca de cómo cultivar para obtener mejores cosechas, y también de cómo proceder para que no carecieran de provisión los más necesitados. Fíjate:

"Seis años sembrarás tus campos y recogerás tus cosechas pero el séptimo año no cultivarás la tierra. Déjala descansar, para que la gente pobre del pueblo obtenga de ella su alimento, y para que los animales del campo se coman lo que la gente deje. Haz lo mismo con tus viñas y con tus olivares". (Éxodo 23.10-11)

"Cuando llegue el tiempo de la cosecha, no sieguen hasta el último rincón del campo ni recojan todas las espigas que queden de la mies. Déjenlas para los pobres y los extranjeros. Yo soy el Señor su Dios." (Levítico 23.22)

Luego, en la iglesia de los primeros tiempos, fieles a las consignas de amor al prójimo que les había dejado el Señor Jesús, los creyentes compartían todo lo que tenían de manera que a ninguno le faltara nada. Fíjate:
"Todos los creyentes estaban juntos y tenían todo en común: vendían sus propiedades y posesiones, y compartían sus bienes entre sí según la necesidad de cada uno." (Hechos 2.44-45)

"La gracia de Dios se derramaba abundantemente sobre todos ellos, pues no había ningún necesitado en la comunidad. Quienes poseían casas o terrenos los vendían, llevaban el dinero de las ventas y lo entregaban a los apóstoles para que se distribuyera a cada uno según su necesidad." (Hechos 4.34-35)

Dios nos hizo libres, es decir que nos da la libertad de elegir entre hacer las cosas bien, de acuerdo a las instrucciones que Él nos ha dado, o hacer las cosas según nuestras propias inclinaciones. Pero resulta que la naturaleza humana tiene una tendencia natural hacia el egoísmo y la avaricia. La Palabra de Dios nos dice que "el amor al dinero es la raíz de toda clase de males" (1 Timoteo 6.10). Y ahí está la respuesta. Hay hambre en el mundo porque, por amor al dinero, muchas personas acaparan infinitamente más de lo que necesitan, en lugar de practicar la generosidad y el amor al prójimo tal como sería el anhelo de Dios.

12. ¿Por qué no son igual de ciertas todas las religiones?

Hoy está muy difundida la idea de que "todas las religiones son igualmente válidas", y de que "todos los caminos conducen a Dios". Pero esta concepción es completamente ridícula, ya que **es obvio que si las distintas religiones tienen diferentes ideas acerca de Dios, no pueden ser todas ciertas.**

Algunas religiones creen en la reencarnación, sin embargo la fe cristiana afirma que "...está establecido que los seres humanos mueran una sola vez..." (Hebreos 9.27). Ciertas religiones sostienen que hay varios dioses, y muchas creen que son necesarias personas especiales para oficiar de intermediarios entre el hombre y Dios, pero el cristianismo afirma que "...hay un solo Dios y un solo mediador entre Dios y los hombres, Jesucristo..." (1 Timoteo 2.5).

¿Por qué los cristianos, frente a las creencias de otras religiones, afirmamos conocer al único Dios verdadero? Bueno, los hombres tenemos una mente limitada, finita. En cambio Dios es infinito. Las personas, por más inteligencia y erudición que tengan, no pueden ni siquiera aproximarse a abarcar la mente de Dios para poder entenderlo y conocerlo en su plenitud. La única forma de alcanzar a conocer a ese Dios infinito y trascendente, es que Él mismo nos explique cómo es. Sólo si Dios se revela al hombre éste puede llegar a conocerlo tal cual es. Los cristianos creemos que la Biblia, Antiguo y Nuevo Testamento, contiene la revelación de la naturaleza y los propósitos de Dios.

Todas las religiones constituyen intentos de los hombres por acercarse a Dios. Pero para acercarnos a Dios debemos hacerlo de acuerdo a sus condiciones, y no a las nuestras. Por eso resulta fundamental conocer cuáles son sus condiciones, y es en la Biblia donde las encontramos.

Por ejemplo, algunas religiones suponen que por las buenas obras es que hacemos méritos delante de Dios, y que Dios nos acepta y nos premia cuando nos comportamos bien. Pero la Biblia nos dice que "...Dios demuestra su amor por nosotros en esto: en que cuando todavía éramos pecadores, Cristo murió por nosotros." (Romanos 5.8). Es Dios quien nos busca, imperfectos como somos, para tener una relación de amor con nosotros.

Ninguna religión, entendida como el esfuerzo humano de agradar a Dios por medio de ceremonias, ritos o superación personal, puede ser verdadera. Ni siquiera el cristianismo entendido como religión constituye un camino para llegar a Dios. Somos inevitablemente imperfectos, y por más que nos esforcemos por merecer su aprobación, no lo podemos hacer con nuestros propios méritos. Es por gracia que Él se acerca a nosotros en Jesucristo para ofrecernos el perdón de todos nuestros pecados.

Los seres humanos, con su entendimiento limitado, han tratado de crear caminos para llegar a Dios apoyados en su propio entendimiento. Pero según la Biblia "... mis pensamientos no son los de ustedes, ni sus caminos son los míos —afirma el Señor—." (Isaías 55.8).

Para reconciliar al hombre con su Creador no puede haber otro camino que Jesucristo, porque para cruzar el abismo que a causa del pecado nos separa de Él, hace falta un puente que necesariamente debe ser simultáneamente hombre y Dios. Por eso los cristianos creemos las palabras de Jesús, Dios encarnado, cuando dice: "Yo soy el camino, la verdad y la vida... Nadie llega al Padre sino por mí." (Juan 14.6). Y si esto es cierto, entonces ningún otro camino puede ser verdadero.

13. ¿Cómo puedo entender la Trinidad?

Es cierto, la Trinidad es un concepto difícil de entender e incluso los más grandes teólogos de la fe cristiana han descripto el enigma de maneras diferentes. La palabra Trinidad se refiere a que existe un solo Dios, pero en tres personas. Dios el Padre, que es el creador de todas las cosas, Cristo, el Hijo, que se encarnó para solucionar el problema del pecado y reconciliarnos con el Padre, y el Espíritu Santo que es la presencia de Dios moviéndose entre los humanos, y en especial en el interior de los cristianos.

La Trinidad es la unión de tres personas (Padre, Hijo, y Espíritu Santo) en un solo Dios, pero manteniendo cada uno su individualidad. No se trata de tres aspectos de una persona, ni de tres dioses trabajando juntos, sino de un Dios que es una unidad compuesta de tres personas. Cuando la Biblia habla de que hay un solo Dios, esto no se contradice con la Trinidad. Dios es uno, pero "compuesto". Es como cuando se dice "el pueblo es uno". El pueblo es como uno, pero en realidad es una unidad compuesta de miles de personas. Y así también Dios es uno, pero compuesto por tres personas.

La Biblia claramente distingue a las tres personas de la Trinidad, y cuando las describe lo hace con lo que se conoce como "atributos de la personalidad". Esto no es particularmente importante en referencia a Jesús porque claramente Jesús es una persona, pero en el caso de Dios Padre y del Espíritu Santo es particularmente importante saber que son personas, porque esto implica que ellos no son "una energía", o una "cosa" como los ídolos, sino que piensan, sienten, deciden y actúan como personas (es decir, tienen intelecto, sentimientos, y voluntad).

La palabra "Trinidad" no se encuentra en la Biblia, pero sin embargo la existencia de la Trinidad surge muy claramente del texto bíblico:

- En Génesis 1.26, el Señor dijo: "«Hagamos al ser humano a nuestra imagen y semejanza...»". Aquí vemos que el verbo está en plural, refiriéndose a las tres personas de la Trinidad. Este uso del plural se repite en otras ocasiones, como por ejemplo en Génesis 3.22 ("Y dijo: «El ser humano ha llegado a ser como uno de nosotros... »"), y en Génesis 11.7 ("Será mejor que bajemos a confundir su idioma...").

- En Mateo 3.16-17 vemos a la Trinidad manifestándose en el bautismo de Jesús. En ese momento vemos al Hijo (bautizándose), al Espíritu Santo (descendiendo sobre él como paloma), y al Padre (hablando desde el cielo).

- También vemos la Trinidad en la fórmula bautismal que les dio Jesús a sus discípulos en Mateo 28.18-20: "Jesús se acercó entonces a ellos y les dijo: —Se me ha dado toda autoridad en el cielo y en la tierra. Por tanto, vayan y hagan discípulos de todas las naciones, bautizándolos en el nombre del Padre y del Hijo y del Espíritu Santo, enseñándoles a obedecer todo lo que les he mandado a ustedes..."

• Para ponerte un último ejemplo, la Trinidad también aparece en Juan 14.16-17 cuando Jesús, luego de anunciar a sus discípulos que pronto va a morir, les promete: "Y yo (el Hijo) le pediré al Padre, y él les dará otro Consolador para que los acompañe siempre: el Espíritu de verdad..."

Finalmente te digo que incluso si no puedes entender completamente la doctrina de la Trinidad, puedes creer en ella con confianza, ya que es una doctrina que surge de la Biblia. Es lógico que con nuestras mentes humanas limitadas no podamos entender todo acerca de Dios, pero lo que no debemos hacer es limitar a Dios con nuestras mentes humanas limitadas.

14. ¿Se pierde o no se pierde la salvación?

Esta pregunta ha dividido denominaciones, iglesias y hasta familias, así que aunque nos sintamos seguros de nuestra respuesta debemos ser respetuosos con la respuesta de otros. Los teólogos de diferentes grupos de iglesias encuentran en la Biblia argumentos tanto a favor como en contra de que se pueda llegar a perder (o no) la salvación, por lo que yo trataré de darte las razones que argumentan una y otra postura, recomendándote que busques en oración que el Espíritu Santo te dé sabiduría para tener tu propia opinión al respecto.

Los que sostienen que la salvación no se puede perder dicen que si al aceptar a Jesús somos hechos hijos de Dios (Juan 1.12: "Mas a cuantos lo recibieron, a los que creen en su nombre, les dio el derecho de ser hijos de Dios."), entonces un hijo nunca puede dejar de ser hijo, no importa lo que haga. Por otra parte, consideran que "De modo que si alguno está en Cristo, nueva criatura es; las cosas viejas pasaron; he aquí todas son hechas nuevas" (2 Corintios 5.17, RVR1960), por lo que, al ser hecho una nueva creación, el creyente no podría volver nunca al estado anterior a su conversión.

Las personas que apoyan esta postura aseguran que alguien que en algún momento de su vida había aceptado a Jesús y luego renegó de la fe, sólo demostraría con esto que su conversión no había sido sincera, y por lo tanto no era un verdadero creyente.

Los que argumentan que existe la posibilidad de que un verdadero cristiano convertido llegue a perder la salvación, también tienen sus fundamentaciones basadas en la Biblia. Un texto clave para ellos es Hebreos 6.4-6, que dice: "Es imposible que renueven su arrepentimiento aquellos que han sido una vez iluminados, que han saboreado el don celestial, que han tenido parte en el Espíritu Santo y que han experimentado la buena palabra de Dios y los poderes del mundo venidero, y después de todo esto se han apartado. Es imposible, porque así vuelven a crucificar, para su propio mal, al Hijo de Dios, y lo exponen a la vergüenza pública." Es evidente que aquí la Palabra se refiere a auténticos convertidos, e igualmente dice que si luego de haber vivido como verdaderos creyentes, se llegaran a apartar, perderían la posibilidad de volver a arrepentirse.

Para entender lo que significa que "se han apartado" como para perder la salvación, ellos señalan que la misma epístola explica: "Si después de recibir el conocimiento de la verdad pecamos obstinadamente, ya no hay sacrificio por los pecados. Sólo queda una terrible expectativa de juicio, el fuego ardiente que ha de devorar a los enemigos de Dios." (Hebreos 10.26-27). O sea que, de acuerdo con esta postura, se pondría en riesgo nuestra salvación cuando "pecamos obstinadamente". No se trata de algún pecado ocasional, del cual nos arrepentimos y somos perdonados, sino de permanecer deliberadamente viviendo en pecado grave en algún área de nuestra vida.

Además, del siguiente versículo: "Si habiendo escapado de la contaminación del mundo por haber conocido a nuestro Señor y Salvador Jesucristo, vuelven a enredarse en ella y son vencidos, terminan en peores condiciones que al principio." (2 Pedro 2.20), podríamos deducir que si fuimos salvos y luego volvemos a las costumbres del mundo, entonces quedaríamos en una situación incluso peor que antes de la conversión.

Bueno, ahí te fue un panorama de las distintas posturas respecto de este tema. ¿Qué creo yo? Yo creo que "una vez hijo, siempre hijo", porque es por gracia y no es por obras (aunque sean las que no debo hacer). Y pienso que este tema les interesa mayormente a los que andan jugando con el pecado, o a los que quieren asustar a algunos para que dejen de pecar. El problema de esto último es que quien deja de pecar por temor también está rechazando el amor de Dios, porque no es el temor lo que nos puede salvar, sino el corresponder su amor arrepintiéndonos y abandonando cualquier cosa que le ofenda a nuestro Dios y recibiendo su gracia expresada en la cruz del calvario. Quien verdaderamente experimente una conversión va a estar siempre conectado con esa realidad espiritual en su vida, y no va a estar dudando de si la gracia de Dios le va alcanzar o no. Por otro lado, si alguien permanece pecando deliberadamente, aprovechándose de la gracia, es porque todavía nunca la entendió, y sólo es un convencido religioso que no se ha arrepentido genuinamente de sus pecados para abrazar la cruz salvadora de Cristo.

15. ¿Hay algo que Dios no pueda perdonar?

El perdón de Dios está disponible para todos aquellos que se arrepienten de sus pecados y ponen su fe en la obra redentora de Cristo en la cruz, y ese perdón cubre todos los pecados, ya sean pequeños o grandes. Ahora bien, si prestas atención notarás que hay dos acciones principales en la oración anterior: 1) arrepentirte, y 2) poner tu fe en Cristo.

Dios ofrece su perdón para todo pecado del cual nos arrepentimos sinceramente. Sin arrepentimiento no hay perdón. Debemos reconocer nuestro pecado y confesárselo a Él. No importa lo terrible que sea tu pecado, piensa que Él no se va a horrorizar de nada que puedas contarle, y que además Él ya lo sabe todo. Recuerda que "Ninguna cosa creada escapa a la vista de Dios. Todo está al descubierto, expuesto a los ojos de aquel a quien hemos de rendir cuentas." (Hebreos 4.13), de modo que es necio no reconocer nuestras transgresiones, y desaprovechar así Su preciosa promesa que "Si confesamos nuestros pecados, Dios, que es fiel y justo, nos los perdonará y nos limpiará de toda maldad." (1 Juan 1.9).

La Biblia nos dice que "... no tenemos un sumo sacerdote incapaz de compadecerse de nuestras debilidades, sino uno que ha sido tentado en todo de la misma manera que nosotros, aunque sin pecado. Así que acerquémonos confiadamente al trono de la gracia para recibir misericordia y hallar la gracia que nos ayude en el momento que más la necesitemos." (Hebreos 4.15-16). Esto significa que el mismo Jesús que fue a la cruz en lugar de nosotros para pagar el precio por todos nuestros pecados, pasados, presentes y futuros, ahora está sentado a la derecha de Dios Padre intercediendo todo el tiempo por nosotros. Es como si fuera nuestro abogado defensor, que siempre nos comprende y nos abre el camino hacia el perdón de Dios.

Ahora, yo sé que muchas veces esta pregunta viene de haber leído o escuchado lo que dice Jesús en Mateo 12.31-32. Allí Jesús nos dice que existe un solo pecado que nunca tendrá perdón, que es "la blasfemia contra el Espíritu Santo". ¿Pero qué es blasfemar contra el Espíritu Santo? El Espíritu Santo vino a nosotros como el consolador para terminar la obra de Cristo en nuestras vidas. Es el Espíritu Santo quién nos revela en nuestro interior la necesidad de arrepentimiento y nos dirige la atención (o más específicamente la fe) hacia Cristo. Entonces blasfemar en su contra es justamente no arrepentirnos de nuestros pecados y no confiar en el regalo de la cruz provisto por Cristo. Dicho bien directo: **blasfemar contra el Espíritu Santo es negar nuestra necesidad de arrepentimiento y no tener fe en Jesús, y esto nos priva del perdón de Dios.**

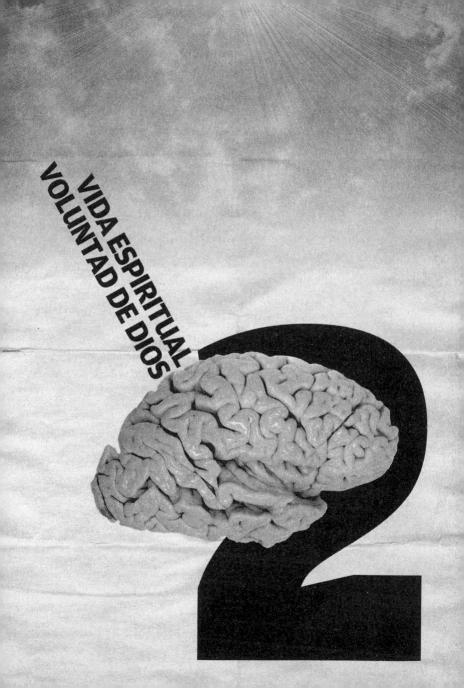

VIDA ESPIRITUAL
VOLUNTAD DE DIOS

2

SER SANOS
ESPIRITUALMENTE
TIENE CONSECUENCIAS
EN TODAS LAS OTRAS
FACETAS DE NUESTRA
VIDA, Y NO HAY NADA
MEJOR QUE CONOCER
EL PLAN DE DIOS PARA
NUESTRO FUTURO.

*"No se amolden al mundo actual,
sino sean transformados mediante
la renovación de su mente.
Así podrán comprobar cuál es la voluntad
de Dios, buena, agradable y perfecta."*
Romanos 12.2

16. ¿Por qué es importante orar?

La historia del hijo pródigo se suele usar para hablar de los "apartados". Usamos esta palabra para referirnos a aquellos que no vienen más a la iglesia, que se alejaron de Dios, o que están fríos espiritualmente (cosa que solemos juzgar por la cantidad de reuniones a las que asisten). Pero no hace falta dejar de asistir al templo para estar fríos. Sólo con dejar de orar empezamos a ser hijos que no hablan con papá Dios.

Cierta vez Martín Lutero dijo: "Tengo tanto para hacer hoy, que me voy a pasar las primeras tres horas del día en oración". Y fue una decisión muy inteligente. Empezar el día conversando con Dios es muy importante. Y digo conversando porque no sólo se trata de hablarle, sino también de escucharlo. Además, ¡si vivimos conscientes de su presencia no podemos levantarnos en la mañana y no saludarlo!

La oración crea esperanza y poder. **Hablar con Dios nos calienta el corazón, y es por eso que cuando pasamos mucho tiempo sin hablar con Él se nos enfría la relación.** Es igual que si dejaras de hablar con tu papá o tu mamá terrenales. No podrías saber qué hacen, qué piensan, ni qué sienten, y pronto dejarías de entenderlos. Hoy todos saben que para que las relaciones interpersonales funcionen debe haber una buena comunicación. Lo mismo sucede con Dios. La oración no es un monólogo que rebota contra el techo. Dios escucha atentamente cada oración, y, a su tiempo, responde. Él es el Padre y nosotros sus hijos. ¿Por qué, entonces, andar por ahí sin contar con la riqueza del consejo del Padre, y seguros de su protección?

¿Cómo está tu vida de oración? ¿Qué vas a hacer para mejorarla? Lo que yo te recomiendo es orar desde la mañana. Entregar el día en sus manos, agradecerle por todas sus bendiciones, y presentar delante de su trono algún pedido que tengamos. Luego puedes orar, aunque sea muy brevemente, en distintas oportunidades a lo largo del día, y otra vez antes de irte a dormir. ¡No dejes de hacerlo! Él nunca está tan ocupado como para no de escucharte, y realmente anhela tener estos momentos a solas contigo. ¡Sí! Nuestro Padre disfruta de estos momentos que apartamos para conversar con Él, aunque finalmente nosotros somos los más beneficiados. Mira esta promesa:

"No se inquieten por nada; más bien, en toda ocasión, con oración y ruego, presenten sus peticiones a Dios y denle gracias. Y la paz de Dios, que sobrepasa todo entendimiento, cuidará sus corazones y sus pensamientos en Cristo Jesús." (Filipenses 4.6-7)

17. ¿Será que siempre me conviene hacer la voluntad de Dios?

La respuesta a esta pregunta es una cuestión de lógica:

Por un lado, creemos que Dios es un padre bueno, que nos ama y siempre desea lo mejor para nosotros. Pero alguien podría argumentar que nuestros padres terrenales también son buenos, nos aman, y siempre desean lo mejor para nosotros, y sin embargo a veces pueden equivocarse al darnos un consejo, o no saber exactamente qué es lo mejor para nosotros. Incluso otras veces puede que sepan qué es lo mejor para nosotros, pero no nos lo puedan dar o no puedan ayudarnos a conseguirlo, debido a sus limitaciones humanas.

Aquí entran en juego otros atributos (otras características) que conocemos de Dios: Él es perfecto (es decir que nunca se equivoca) y omnisciente (es decir que lo sabe todo). Ah, y además, ¡es omnipotente (es decir que lo puede todo)!

Ahora, si le sumamos a toooodo esto el hecho de que Dios es un padre bueno, entonces podemos contestar con total seguridad que sí. La lógica nos confirma que **siempre nos conviene hacer la voluntad de Dios porque Él no sólo quiere darnos lo mejor, sino que sabe exactamente qué es lo mejor, y además puede hacer lo necesario para que tengamos lo mejor.**

"Porque yo sé muy bien los planes que tengo para ustedes —afirma el Señor—, planes de bienestar y no de calamidad, a fin de darles un futuro y una esperanza." (Jeremías 29.11)

Y cabe aclarar que esto es válido ya sea que entendamos o no la voluntad de Dios en determinado momento. Puede ser que a veces la entendamos y a veces no, porque nosotros sólo vemos a corto plazo y Dios ve las cosas con otra perspectiva, a largo plazo. Él ve el cuadro terminado. Así que no es una cuestión de "sentir" o de "entender" para que resulte bueno hacer la voluntad de Dios. Recuerda esto para que tus pensamientos, emociones, o sensaciones no te desvíen: Siempre nos conviene hacer la voluntad de Dios porque siempre será buena para nosotros.

"...Así podrán comprobar cuál es la voluntad de Dios, buena, agradable y perfecta." (Romanos 12.2b)

18. ¿Por qué o para qué nos creó Dios?

Dios nos creó para poder derramar sobre nosotros su infinito amor. Dios es amor. Y nos creó a su imagen y semejanza, con la capacidad de amar, de modo que al experimentar su amor también nosotros podamos amarlo a Él y amarnos los unos a los otros.

La Biblia nos dice que "Nosotros amamos a Dios porque él nos amó primero." (1 Juan 4.19). Y vemos en la narración de Génesis cómo, antes de crear al hombre, Dios preparó el resto de la creación, asombrosa en su belleza y diversidad, como un regalo para nosotros. Su anhelo era tener una familia que pudiera disfrutar de un Padre infinitamente amoroso, en armonía, en comunión con Él y con la creación. Y podemos suponer, porque "los bendijo con estas palabras: ´Sean fructíferos y multiplíquense; llenen la tierra y sométanla´" (Génesis 1.28), que su intención era tener una familia lo más grande posible.

Con la caída, al romperse esa perfecta comunión del hombre con Dios, Él no se resignó a perder esa familia, y comenzó a desarrollar un plan para restaurar esta relación de amor. Dios nunca dejó de amarnos, pero el hombre pecador no puede presentarse delante de un Dios Santo. Sin embargo ahora, redimidos por Cristo, somos hechos nuevas criaturas: "si alguno está en Cristo, es una nueva creación" (2 Corintios 5.17). Es como si nos hubiera creado de nuevo, porque sabiendo de nuestra naturaleza pecadora, dispuso en la cruz del calvario el medio para poder mirarnos y vernos justificados, tal como si nunca hubiéramos pecado, y así poder integrarnos a su familia en perfecta comunión. Romanos 8.38-39 dice: "Pues estoy convencido de que ni la muerte ni la vida, ni los ángeles ni los demonios, ni lo presente ni lo por venir, ni los poderes, ni lo alto ni lo profundo, ni cosa alguna en toda la creación, podrá apartarnos del amor que Dios nos ha manifestado en Cristo Jesús nuestro Señor".

Ahora bien, me podrías preguntar: Si tanto anhela Dios que estemos a su lado, ¿por qué no nos lleva con Él tan pronto como nos convertimos? Bueno, Dios sigue anhelando tener una familia grande. Muy grande. Y por eso ahora nos necesita aquí. Para extender Su Reino en la tierra de modo que la mayor cantidad de personas lo conozcan y tengan la posibilidad, cuando llegue el momento, de disfrutar de la nueva creación que tiene preparada para los que le aman y obedecen.

19. ¿Cómo puedo ser un mejor adorador?

Lo primero es hacer una aclaración: En la iglesia evangélica generalmente pensamos que "adoración" es cantar lento... pero te doy una noticia: Podemos cantar muchas canciones lentas y jamás haber adorado a Dios. El canto es una de las expresiones posibles para la adoración, pero la verdadera adoración tiene que ver con tener devoción hacia Dios. Yo, por ejemplo, tengo devoción del corazón hacia mi esposa y entonces quiero pasar tiempo con ella porque la amo, porque he hecho un compromiso con ella. ¡Pero no estoy todo el tiempo cantándole canciones lentas!

Un verdadero adorador es alguien que pasa tiempo con Dios, alguien que pasa tiempo de intimidad con el Señor. Imagínese si los que estamos casados hiciéramos con nuestras esposas lo mismo que la mayoría intenta hacer con Dios: ¡cantarle bellas canciones una vez a la semana, y después en toda la semana no prestarle ninguna atención! Por esto es que Jesús dice: "Este pueblo me honra con los labios, pero su corazón está lejos de mí." (Mateo 15.8).

No, no se trata de decirle cosas lindas cada vez que estamos en la iglesia, sino de pasar tiempo con Él. Todos los días. Y no sólo en público, sino en secreto, en la intimidad y la quietud de nuestro cuarto, es muchas veces donde tenemos los mejores momentos de adoración al Señor.

¿Qué es, entonces, la adoración a Dios? Simplemente es reconocer quién es Dios y responder de una manera apropiada.

Yo te pregunto: ¿Hace cuánto que no adoras al Señor sin un templo, sin una banda de alabanza, sin un ministro de alabanza que te diga qué hacer? ¿Hace cuánto que no le adoras en la intimidad? ¿Quieres más de Dios? Pasa tiempo con Él. ¿Quieres aprender a adorarlo mejor? Pasa tiempo aprendiendo a conocerlo mejor y a amarlo más. Y verás como la adoración surge sola.
"...los verdaderos adoradores rendirán culto al Padre en espíritu y en verdad, porque así quiere el Padre que sean los que le adoren." (Juan 4.23)

20. ¿Será que a Dios le importa que yo sea pobre o tenga dinero?

Sí, le importa… pero no necesariamente en el sentido en que se cree habitualmente. Seguramente quienes me han preguntado esto lo hicieron porque creían que es una "desventaja" ser pobre, ¡pero Dios no lo ve necesariamente así! Dios sabe que el tener mucho dinero puede ser un obstáculo para la fe. (Puedes leer la pregunta 63 para saber más sobre algunos de los problemas que traen las riquezas.) El Señor sabe que el dinero puede distraerte de las cosas verdaderamente importantes (de entre las cuales, la primera es Dios). Es por esto que Jesús dijo a sus discípulos:

"Vendan lo que tienen, y denle ese dinero a los pobres (…) y guarden en el cielo lo más valioso de su vida. Allí, los ladrones no podrán robar, ni la polilla podrá destruir. Recuerden que siempre pondrán toda su atención en donde estén sus riquezas." (Lucas 12.33-34, TLA)

Jesús sabía que la abundancia de cosas materiales puede distraernos de lo espiritual. Y por eso también nos advirtió:

"De hecho, le resulta más fácil a un camello pasar por el ojo de una aguja, que a un rico entrar en el reino de Dios." (Mateo 19.24)

Observa que no dijo que fuera imposible, sino sólo difícil. Una de las interpretaciones de este pasaje indica que las ciudades antiguas eran amuralladas y las puertas se cerraban cuando bajaba el sol, pero había siempre alguna puerta pequeña que se abría en caso de que alguien llegara en medio de la noche. A estas puertas pequeñas se les llamaba "ojo de aguja", y a los camellos, que son bastante grandes, bueno... les costaba pasar. Tenían que agacharse para poder entrar, y probablemente lo que Jesús quiso decir es que los ricos deben agachar la cabeza, deben hacerse humildes, para entrar en el reino de Dios. Sea como fuere, la idea es que las riquezas dan a las personas una sensación de poder y de autosuficiencia que dificulta la espiritualidad.

Por otra parte, si tu pregunta se refiere a cómo podrás servirle, ¡te aseguro que Dios puede usarte independiente-mente de la cantidad de dinero que tengas! Si no me crees, mira el ejemplo de la Madre Teresa de Calcuta. Su influencia y su ejemplo de servicio son reconocidos mundialmente. Sin embargo, se dice que cuando ella llegó a la India, los oficiales de migraciones le preguntaron por el propósito de su viaje, y ella dijo: "Vengo a ayudar a India". Luego le preguntaron cuánto dinero traía. Entonces ella miró dentro de su bolso y respondió: "Tengo tres monedas y tengo a Jesús, ¡puedo hacer cualquier cosa!"

Además, si te fijas, **la Biblia está llena de ejemplos de cómo Dios puede usar lo poco que tengas si lo pones en sus manos:** el pequeño David con una piedrita, que con la ayuda de Dios logró vencer a un gigante, el niño con unos pocos panes y peces, que fueron multiplicados por Jesús para ali-mentar a miles, y muchos otros. Y a lo largo de la historia hay cientos y cientos de ejemplos de personas que lo único que tenían para poner al servicio de Dios eran sus propias vidas... ¡y ni te imaginas todo lo que Dios puede hacer con esto!

Pero entonces, ¿qué pasa si resulta que eres rico? ¿Cómo encaja contigo todo lo que acabo de escribir si perteneces a una familia adinerada? ¡Bueno, por supuesto que esto es algo bueno también! Si el Señor te puso en esa situación, seguro que será para bendecirte y usarte. Pero presta atención, porque tienes varias responsabilidades. Primero, reconocer que todo lo que tienes viene de Dios, y agradecerle a Él. Segundo, estarte atento para que jamás esas riquezas te distraigan de lo verdaderamente importante. Y tercero, ser un buen mayordomo de lo que Dios a confiado a tu cuidado. Debes ser un buen administrador del dinero que tienes, no despilfarrando, gastando de manera prudente, y siendo sensible a las necesidades de los que tienen menos. Por supuesto que para esto puedes (y te conviene) pedirle sabiduría a Dios. Recuerda que todo lo que tienes te fue dado por Dios con un propósito. Busca ese propósito y síguelo, y esto pondrá en orden todas tus decisiones, incluidas las que tienen que ver con el manejo del dinero.

Finalmente, lo más importante de todo es que, rico o pobre, ¡Dios quiere usarte a ti, independientemente de tus bienes! El dinero es solo una herramienta para vivir y no tiene nada de malo en sí mismo, pero lo que a Dios más le interesa es tu vida, y eso es lo más valioso que tienes. ¡Sírvelo con ella!

21. ¿Cómo puedo convertirme en un joven más responsable?

El solo hecho de que alguien exprese esta pregunta me indica que ya es un joven responsable, y que seguramente es mucho más responsable de lo que cree o le han dicho.

Según los diccionarios, una persona responsable es aquella que "cumple sus obligaciones" y "pone cuidado y atención en lo que hace o decide".

Lo que deberías hacer entonces es analizar, a la luz de las Escrituras, si es que estas cumpliendo con tus obligaciones en las distintas áreas de tu vida, y si es que lo estás haciendo de la manera que a Dios le agrada: "Hagan lo que hagan, trabajen de buena gana, como para el Señor..." (Colosenses 3.23).

Revisa primeramente cómo estás cumpliendo con tus obligaciones para con el Señor. Si apartas cada día un tiempo para pasar a solas con Él, orando y leyendo la Biblia, buscando su guía para todas las decisiones que debes tomar. Si te congregas, asistes regularmente a las reuniones de tu iglesia, y participas en las actividades. Si compartes tu fe con otros y eres un buen testimonio como creyente.

Sobre todo, no debes olvidar que ante Dios eres responsable de utilizar los dones y talentos que te ha dado de tal manera que den fruto. Te animo a leer la parábola en Mateo 25.14-30, para motivarte en la decisión de ser responsable ante el Señor al hacer uso de tus dones.

Luego examina el área de la familia, fijándote si es que estás cumpliendo con la obligación de honrar a tus padres, si eres un buen hermano, si pones cuidado al realizar las tareas que tus padres te encomiendan y lo haces de buena gana. Ahora analiza cómo eres en tus estudios, si prestas atención en las clases y cumples siempre con las tareas asignadas, si no faltas a los cursos y estudias para los exámenes con esmero.

También es importante ser responsable como amigo, mantener la palabra empeñada, ser fiel para guardar un secreto, acompañar en las dificultades...

No debes olvidar que también debes ser responsable al cuidar tu cuerpo, alimentándote correctamente, haciendo deportes, evitando los hábitos perjudiciales para la salud y las actividades peligrosas, y descansando lo suficiente.

Ahora que tienes claro qué significa ser responsable, puedes repasar esta lista y evaluar en qué cosas estás fallando, para poder ir corrigiéndolas con la ayuda del Señor. Acepta con humildad la corrección de quienes te aman y te aconsejan con sabiduría, porque pueden estar viendo en ti cosas que tú no ves.

¡Anímate! Dado que Dios puso en tu corazón ese deseo de ser más responsable, sabes que cuentas con su apoyo "pues Dios es quien produce en ustedes tanto el querer como el hacer para que se cumpla su buena voluntad." (Filipenses 2.13)

22. ¿Por qué Dios no me ha dado el don de lenguas como le he pedido?

Pablo nos explica:

"En cuanto a los dones espirituales, hermanos, quiero que entiendan bien este asunto (...) A cada uno se le da una manifestación especial del Espíritu para el bien de los demás. A unos Dios les da por el Espíritu palabra de sabiduría; a otros, por el mismo Espíritu, palabra de conocimiento; a otros, fe por medio del mismo Espíritu; a otros, y por ese mismo Espíritu, dones para sanar enfermos; a otros, poderes milagrosos; a otros, profecía; a otros, el discernir espíritus; a otros, el hablar en diversas lenguas; y a otros, el interpretar lenguas. Todo esto lo hace un mismo y único Espíritu, quien reparte a cada uno según él lo determina." (1 Corintios 12.7-11)

Está claro, entonces, que el don de lenguas, al igual que los demás dones espirituales, Dios lo reparte según Él lo considera oportuno y "para el bien de los demás". Por lo tanto, como primer paso, sería importante que examines dentro tuyo para verificar cuál es tu motivación al pedirle a Dios que te conceda el don de lenguas. Asegúrate de que sea la motivación correcta, sabiendo que lo que la Biblia nos dice al respecto es: "...ustedes, ya que tanto ambicionan dones espirituales, procuren que éstos abunden para la edificación de la iglesia." (1 Corintios 14.12). Fíjate que no lo estés pidiendo simplemente porque otros lo tienen y por eso tú lo quieres tener también. O tal vez suceda que quieres hablar en lenguas por temor a que si no lo haces otros piensen que no eres lo suficientemente "espiritual". Ninguna de estas sería una motivación correcta.

Ahora bien, si ambicionas este don con el sincero deseo de ponerlo al servicio del Señor, para que Él pueda usarlo tanto para edificación tuya como de la iglesia, entonces persevera. (Y si tu deseo supremo es agradarlo con este don, quizás sería bueno considerar sino le agradaría más a Dios que estés feliz a pesar de que no te lo de.)

23. ¿Está Dios enojado conmigo porque me cuesta dejar el pecado?

Hagamos el cálculo: Si Dios estuviera enojado contigo tendría que estar enojado simultáneamente con... ¡todos los seres humanos del planeta! La Biblia dice: "pues todos han pecado y están privados de la gloria de Dios" (Romanos 3.23). ¿Entendiste? ¡Todos!

Así es que la respuesta es: ¡No, Dios no está enojado contigo! Muy por el contrario, la reacción de Dios ante nuestro pecado es amor aunque desapruebe nuestro pecado. Fue por esto que mandó a su Hijo Jesucristo a morir en la cruz, para poder reconciliarse con nosotros, los seres humanos pecadores, y que podamos pasar la eternidad con Él.

Ahora bien, es igual de cierto que la parte que te toca a ti es intentar apartarte del pecado, es decir, intentar dejar de pecar. Y sobre todo, si estás "viviendo en pecado", lo cual consiste en vivir continuamente, cada día, en una situación que constituye pecado (como el adulterio, el engaño, las mentiras, etc.). ¿Por qué debes intentar alejarte del pecado, si "total Dios no se enoja"? Bueno, porque el pecado trae consecuencias negativas sobre tu vida y te impide recibir todas las bendiciones que Dios tiene para darte. Y además porque si no te alejas, entonces estarías haciendo lo contrario, estarías perseverando en el pecado, y esto sí que le molesta bastante a Dios.

Una cosa era pecar cuando no conocías a Dios, pero otra muy distinta es seguir pecando cuando ya conoces al Señor, cuando ya sabes qué consecuencias trae el pecado a nuestras vidas, y cuando ya cuentas con las herramientas espirituales que pueden ayudarte a dejar de pecar.

¿Cómo alejarte del pecado, entonces? Busca más de Dios, trata de estar lo más cerca suyo que puedas, y esto producirá en ti mayores ganas de ser santo para Él, y menos "ganas" de pecar. También puedes pedir ayuda a algunos amigos cristianos para que te "controlen" y te ayuden a evitar el pecado, y a la vez te sostengan en oración. O puedes hablar con algún líder o cristiano maduro sobre algún pecado en especial que te cuesta dejar, para que te oriente, te de consejos, y ore por ti.

En todo caso, alejarte del pecado requiere un esfuerzo de tu parte (que debes estar dispuesto a hacer) y una ayuda y una fortaleza provenientes de Dios (que muy gustoso te dará si se las pides). Así es que, ¡anímate! ¡Y comienza hoy mismo!

24. ¿Por qué a veces Dios no responde mis oraciones?

En primera instancia debo advertirte que hay ciertas cosas que pueden estorbar nuestras oraciones. La Biblia enseña que el pecado, el no tener un corazón limpio delante de Dios, la falta de fe, y la falta de gratitud a Dios por todo lo que nos da, entre otras cosas, pueden interferir en nuestras oraciones, o incluso "hacer que reboten en el techo". Así que antes que nada debes examinar tu corazón, tus actitudes, y tus intenciones, para estar seguro de que te encuentras limpio como para presentarte ante el trono de la gracia de Dios.

Pero lo más probable es que con esta pregunta te estés refiriendo a otra situación: a cuando le pides y le pides algo a Dios y Él no te lo da. Déjame compartirte una ilustración que escuché hace mucho tiempo: Dios es como un semáforo. Imaginemos un automóvil que viene andando hasta llegar a un cruce de calles, y le pregunta al semáforo "¿puede usted por favor concederme el derecho a pasar?". Entonces hay tres opciones. El semáforo puede contestarle "Sí" (encendiendo la luz verde), puede que le conteste "No" (encendiendo la luz roja), o puede que le conteste "Ahora no. Tienes que esperar un poco" (encendiendo la luz amarilla). Ahora te pregunto yo a ti: ¿es el semáforo malo cuando le contesta que no? ¿y cuando le contesta que espere, lo hace para que el automóvil sufra? ¡Claro que no! Cualquiera de las tres respuestas es igualmente buena para el automóvil, porque el semáforo sabe lo que más le conviene al vehículo, por eso es precisamente él el que "dirige el tránsito". ¡Lo malo sería si el semáforo siempre le dijera que sí al automóvil, y a todos los automóviles cada vez que le piden pasar! ¿Te imaginas la cantidad de accidentes que esto provocaría? Eso no sería bueno para ninguno de ellos...

De manera similar, Dios sabe mejor que tú lo que te conviene, y lo que es mejor para ti en cada momento. Así que recuerda que, cuando le pides algo, puede que te responda que sí (dándote lo que le pediste), o que te responda que no (no dándotelo), o que te responda que es mejor esperar un tiempo antes de que te lo de (bueno... simplemente no dándotelo ahora y sí más adelante). Lo que te garantizo es que, si no hay nada de lo que te expliqué primero estorbando tus oraciones, Dios te responderá. Lo que no puedo garantizarte es que te responda exactamente lo que tú quieres, o lo que a ti te parece. Pero esto debería darte tranquilidad... la tranquilidad de que tu Padre celestial, que te ama, que desea lo mejor para ti, y que conoce tu pasado, tu presente, y tu futuro, está haciendo por ti en cada momento exactamente aquello que sea lo mejor.

25. ¿Qué opina Dios del racismo?

El racismo consiste en albergar un sentimiento de rechazo hacia una raza distinta de la de uno. Este rechazo puede fundamentarse en alguna característica biológica o cultural del pueblo que se discrimina, o simplemente puede surgir de considerar que la propia raza es superior.

Quizás no sepas que ya en el Antiguo Testamento Dios le había dado a su pueblo el mandamiento de amar al prójimo: "No seas vengativo con tu prójimo, ni le guardes rencor. Ama a tu prójimo como a ti mismo. Yo soy el SEÑOR." (Levítico 19.18). Y en el Nuevo Testamento, las palabras de Jesús: "...Ama al Señor tu Dios con todo tu corazón, con toda tu alma, con toda tu mente y con todas tus fuerzas (...) Ama a tu prójimo como a ti mismo. No hay otro mandamiento más importante que éstos." (Marcos 12.30-31) constituyen un tema central del evangelio que se repite una y otra vez. Ahora bien, ese prójimo a quien el Señor nos manda amar, ¿no incluirá acaso a los que son diferentes, de otro color, otra raza, otra cultura?

La Biblia nos dice que todos los seres humanos hemos sido creados por Dios. "De un solo hombre hizo todas las naciones para que habitaran toda la tierra; y determinó los períodos de su historia y las fronteras de sus territorios" (Hechos 17.26). Todos los seres humanos son creación de Dios, en consecuencia, si consideramos a algunas personas o grupos de personas inferiores y merecedoras de ser rechazados, estamos ofendiendo a Dios, el creador de todos los seres humanos. La Biblia nos enseña que somos valiosos por la sencilla razón de que somos valiosos para Dios. Y somos todos igualmente valiosos para Él, porque para Dios no hay favoritismo. Él nos ama y valora a todos por igual, sin excepción. Para que no te quede ninguna duda, busca en tu Biblia las siguientes citas y verás cuántas veces se nos repite que Dios no tiene favoritos: Hechos 10.34, Romanos 2.11, Gálatas 2.6, Efesios 6.9, Colosenses 3.25, Santiago 2.1, Santiago 2.9.

El racismo es un pecado que ofende a Dios y además le hace muy mal a la sociedad. La Biblia afirma que Dios envió a su Hijo Cristo a hacerse hombre, para morir en la cruz *por todos y cada uno* de nosotros. ¡Piensa que el racismo es despreciar a personas por las cuales Jesús dio su sangre! "Porque hay un solo Dios y un solo mediador entre Dios y los hombres, **Jesucristo hombre, quien dio su vida como rescate por todos..."** (1 Timoteo 2.5-6)

26. Yo no tengo un gran testimonio como otros cristianos. ¿Podrá Dios usarme sin uno, o será que entonces es mejor convertirse de adulto?

Esta es una pregunta que muy a menudo me hacen quienes "nacieron en un banco de iglesia", es decir aquellos chicos y chicas que se criaron desde bebés en un hogar cristiano. En general, estos chicos "envidian" los grandes testimonios de otros, como los que se escuchan habitualmente en las iglesias: "Yo era adicto a las drogas y robaba para comprarlas, pero luego conocí al Señor y ahora estoy estudiando en el seminario porque quiero ser pastor", o "Yo me fui de mi casa a los 15 años, anduve con varios novios, era desdichada y estaba muy deprimida, hasta que me encontré con Jesús y ahora mi vida es otra y soy completamente feliz."

Es cierto que Dios puede usar los testimonios de las vidas transformadas para hacer que otros crean, pero no debes estar preocupado si no tienes uno. Muy por el contrario, debes estar agradecido con Dios por haber nacido en un hogar cristiano. Debes bendecir a tus padres por haberte criado en la fe y por haberte llevado a la iglesia. Todo esto seguramente te ahorró grandes sufrimientos (esos que después dan como resultado un testimonio conmovedor en otras personas, si es que en algún momento tienen la dicha de encontrarse con el Señor... o dan como resultado vidas catastróficas si es que nunca llegan a conocerlo).

Por otra parte, Dios no necesita un testimonio impresionante de tu pasado para poder usarte. Aunque nunca te hagan pasar al frente en la iglesia para compartir tu testimonio y aplaudirte y llorar conmovidos, Dios puede usarte ¡y mucho! Lo que Él necesita es que testifiques HOY con tu vida de HOY, mostrando a cada paso cómo es la vida de alguien que camina con Jesús. Esto es lo que Dios usará para impactar a tus amigos y conocidos. Tu presente, no tu pasado, será un testimonio transformador y de bendición para los demás.

Lee Salmos 1.1-3 si te quedan dudas:

"Dichoso el hombre
que no sigue el consejo de los malvados,
ni se detiene en la senda de los pecadores
ni cultiva la amistad de los blasfemos,
sino que en la ley del SEÑOR se deleita,
y día y noche medita en ella.
Es como el árbol
plantado a la orilla de un río
que, cuando llega su tiempo, da fruto
y sus hojas jamás se marchitan.
¡Todo cuanto hace prospera!"

27. ¿Qué son en verdad las profecías y cómo saber si una profecía que me dieron es real?

Una profecía es una palabra dada de manera sobrenatural por el Espíritu Santo al creyente, de manera que el creyente habla de parte de Dios sin intervención de su propia sabiduría, entendimiento o razonamiento.

La Biblia dice claramente cuál es el propósito de las profecías: "...el que profetiza habla a los demás para edificarlos, animarlos y consolarlos." (1 Corintios 14.3). Esos son los únicos objetivos posibles de una profecía: edificar, dar ánimo o consolar. Nunca puede ser el propósito de una auténtica palabra profética el dirigir la vida de otros. Por eso toda profecía debe ser juzgada por la iglesia según nos instruye la Palabra: "En cuanto a los profetas, que hablen dos o tres, y que los demás examinen con cuidado lo dicho." (1 Corintios 14.29).

Ahora bien, como la Biblia nos dice: "no desprecien las profecías, sométanlo todo a prueba, aférrense a lo bueno" (1 Tesalonicenses 5.20-21), vemos que existe tanto el peligro de desechar una profecía auténtica, como de creer una profecía sin haberla examinado correctamente.

¿Cómo podemos juzgar, entonces, si una profecía es real o falsa?

Deberíamos verificar que cumpla dos condiciones esenciales. Primeramente, tiene que estar de acuerdo con las Escrituras. Debemos buscar en la Biblia una confirmación de la profecía porque el Espíritu Santo es el autor de las Escrituras, y Él nunca podría contradecirse a sí mismo. En segundo lugar, debemos verificar si esa palabra profética lleva a edificar al pueblo de Dios. Como vimos al principio, si la palabra viene del Señor, debe ser para edificación.

Nunca actúes en función de una profecía que te han dado sin antes buscar la confirmación de otros hermanos. Ten en cuenta que Pablo en 2 Corintios 13.1 nos dice: "Todo asunto se resolverá mediante el testimonio de dos o tres testigos". Y fundamentalmente, antes de aceptar una palabra profética para tu vida, recuerda que si efectivamente viene de parte del Señor, debe tener confirmación en la Biblia, que es ciertamente y sin lugar a dudas Palabra de Dios.

28. La santidad es imposible. ¿Por qué debemos intentarla entonces?

Si la santidad fuera imposible, Dios no nos pediría que seamos santos. Dios nunca nos manda a hacer cosas que son imposibles de hacer. Y lo que es más, en todo lo que nos manda, siempre está dispuesto a ayudarnos para que podamos hacerlo. Lo que no es posible es lograrlo de un día para el otro.

El modelo de santidad es Jesús, que "...no cometió ningún pecado, ni hubo engaño en su boca." (1 Pedro 2.22). ¿Pero cómo podemos acercarnos a ese modelo? No es tan difícil, ya que el secreto está en el intento. Pablo dice: "Imítenme a mí, como yo imito a Cristo." (1 Corintios 11.1).

La Biblia nos enseña que "...somos santificados mediante el sacrificio del cuerpo de Jesucristo, ofrecido una vez y para siempre." (Hebreos 10.10). Cuando aceptamos a Jesús como Salvador y Señor de nuestra vida, El Espíritu Santo viene a vivir dentro de nosotros, y una de sus funciones es ayudarnos en el proceso de santificación. Esto quiere decir que si nosotros hacemos nuestra parte, cada día podremos parecernos un poquito más a Jesús. Este proceso se llama "santificación", y va progresando a medida que pasamos más tiempo con Jesús: leyendo y estudiando la Palabra cada día, conversando con Él en oración, congregándonos y reuniéndonos con los hermanos. Haciendo esto, con la ayuda del Espíritu Santo, cuando en algún momento miremos para atrás nos asombraremos del progreso que hemos hecho, y eso nos animará a seguir adelante.

¿Por qué debes intentarlo? Porque en esto Dios está de tu lado. Quiere usar tu testimonio de vida para alcanzar a otros. Esta oración de Pablo también es para ti: "Que Dios mismo, el Dios de paz, los santifique por completo, y conserve todo su ser —espíritu, alma y cuerpo— irreprochable para la venida de nuestro Señor Jesucristo. El que los llama es fiel, y así lo hará." (1 Tesalonicenses 5.23-24). Amén.

29. ¿Cuál es el problema con la rebeldía?

La rebeldía puede ser un don maravilloso. Es la rebeldía la que dispara la creatividad, la exploración, el progreso y las revoluciones. Claro que puede ser usada para el mal, como cualquiera de los otros regalos maravillosos y esencialmente buenos que Dios nos ha dado (como el agua, o el sexo, o la ambición). Pero puede ser buena también.

Históricamente se ha hablado en contra de ella, pero sospecho que es porque los que hablaban tenían temor de que las personas que ellos gobernaban e influenciaban se rebelaran contra ellos. Sin embargo **Edison, Picasso, Einstein, Mark Twain y el mismo Jesús fueron considerados rebeldes por muchas personas de su tiempo.** Ellos y otros héroes de la humanidad son recordados por haberse rebelado contra la ciencia, la religión organizada, el arte, la literatura y la física tal como eran conocidas hasta ese momento (el momento en que ellos decidieron rebelarse).

La rebeldía es como el fuego. Puede servir para que tengamos alimento o puede quemarnos. Por eso no es justo decir que sea siempre negativa. La rebeldía santa es aquella que desea cambiar lo mismo que Dios quiere cambiar. Es aquella que está en acuerdo con Dios. Es aquella que decide que el Padre Nuestro no es meramente un versito mágico para repetir con solemnidad, sino un grito que determina que no importa el precio que haya que pagar para que la voluntad de Dios sea hecha en la tierra así como en el cielo. Esa rebeldía que tan naturalmente surge de los adolescentes y jóvenes como tú es la que necesitamos en la iglesia, ya que representa un poder prácticamente imposible de detener.

Pero debes tener cuidado, porque no siempre ser rebelde es bueno. Una cosa es rebelarte, como ya dije, contra lo que a Dios le parece mal, y luchar para cambiarlo. Esto está bien. ¿Cuál es la cara mala de la rebeldía, entonces? Cuando nos rebelamos contra Dios. La Biblia condena esa clase de rebeldía. Por ejemplo, leemos en 1 Samuel 15.23: "La rebeldía es tan grave como la adivinación, y la arrogancia, como el pecado de la idolatría." También es malo cuando nos rebelamos contra algo que Dios dice que debemos obedecer o respetar. Por ejemplo, contra sus mandamientos, contra nuestros padres (hay alguna respuesta en este libro sobre ese tema), o contra nuestros líderes o pastores en la iglesia. Si son personas que Dios ha puesto en autoridad sobre ti, debes respetar esa autoridad.

Volviendo a la rebeldía positiva, debemos pedirle sabiduría a Dios para aprender a distinguir cuándo aceptar la realidad que nos toca vivir, y cuándo rebelarnos contra ella. El Señor puede canalizar tu rebeldía natural, sumada a la energía propia de tu edad, para cambiar de manera positiva el mundo en que vives. Pero solo si permites que Él te guíe...

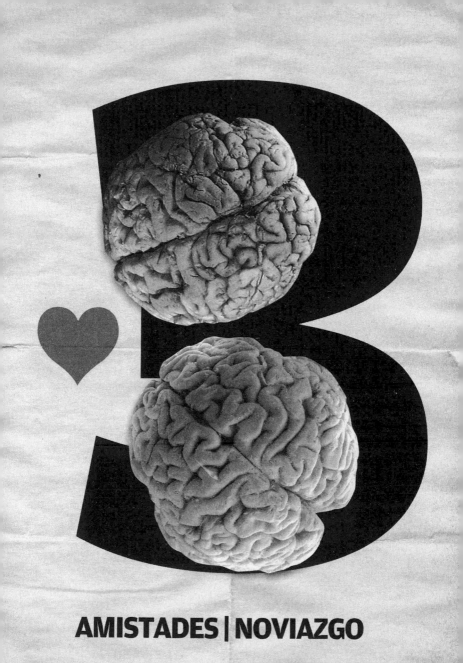

AMISTADES | NOVIAZGO

NADIE QUIERE VIVIR
SIN AMIGOS, Y TODOS
HEMOS SOÑADO CON
ENCONTRAR ALGÚN
DÍA LA PAREJA IDEAL.
NUESTROS AMIGOS,
Y SOBRE TODO
NUESTRA PAREJA,
TIENEN UN IMPACTO
IMPORTANTÍSIMO EN
NUESTRAS VIDAS.

"Nadie tiene amor más grande
que el dar la vida por sus amigos."
Juan 15.13

30. ¿Cómo puedo encontrar al amor de mi vida? ¿Cómo sabré que es él o ella cuando tenga que elegir?

La gran clave está en tener claro hacia a donde te diriges y cuáles son tus sueños. Sin saber eso es imposible saber a quién necesitas a tu lado para llegar a eso que sueñas.

"Ufff, bueno, ¡mi sueño es justamente encontrar pareja!", podrías decirme. Pero entonces yo tendría que decirte que tienes un sueño demasiado pequeño, y que sólo una persona desesperada por estar con alguien va a querer estar contigo. Sí. Lo siento por la noticia.

A nadie le escriben en su lápida el día en que muere: "¡Se casó!" o "¡Tuvo novio!", como si fuera un gran logro. Eso no es un logro. Es un paso. Y el punto es: ¿hacia dónde?

Si esto no te parece importante todavía, entonces quizás estés en una etapa de tu vida en la que sea mejor posponer este tema por un tiempo. Y si solo quieres tener alguien a tu lado para no estar sola, o solo, o para quedar bien con otros, o porque alguien simplemente te resulta atractivo físicamente... entonces no vale la pena siquiera hablar de amor.

En el comienzo de la Biblia hay un principio muy interesante respecto a cómo Dios nos ayuda a encontrar el amor de nuestra vida. Yo le llamo a ese principio: "ponerle nombre a los animales." (Y no me refiero a que adivines el nombre del tremendo animal con el que quieres comenzar a salir).

Si prestas atención a lo que ocurre con Adán en

Génesis 2.18-22 te darás cuenta de que fue cuando él estaba haciendo lo que Dios le había pedido (poner nombre a los animales) que Dios mismo vio que Adán estaba solo y no tenía una compañera adecuada, y entonces le dio a Eva. ¿Que quiero decir con esto? Trabaja en lo que te toca con esmero. Haz la voluntad de Dios en tu vida hoy, y él se va a ocupar de tu mañana. **Caminando en la dirección correcta te vas a encontrar con la persona correcta.** Busca muchos amigos y vas a tener más de donde elegir. No te quedes siempre atrapado en el mismo círculo. Visita diferentes congregaciones. Asiste a campamentos y congresos de jóvenes. No sólo por encontrar a tu pareja, claro, pero mientras lo haces aprovecha a conocer a más personas. Siempre pregúntales cuáles son sus sueños, qué se ven haciendo déntro de 10 años... y cuando las repuestas sean muy similares a las tuyas, entonces ya tienes por dónde comenzar a averiguar si esa es la persona ideal para ti.

31. ¿Por qué es malo tener un novio o novia no cristiano?

Quizás ya conozcas este versículo, pero de todos modos comencemos por la Biblia:
"No formen yunta con los incrédulos. ¿Qué tienen en común la justicia y la maldad? ¿O qué comunión puede tener la luz con la oscuridad? ¿Qué armonía tiene Cristo con el diablo? ¿Qué tiene en común un creyente con un incrédulo?" (2 Corintios 6.14-15)

Antes de avanzar, quiero hacer una aclaración sobre la segunda parte de este versículo. No es que la Biblia esté equiparando literalmente a los no cristianos con la maldad, o con el diablo. El chico o la chica que te gusta puede ser muy bueno, incluso más "bueno", generoso, caritativo, etc. que muchos de tus amigos cristianos. Lo que está queriendo resaltar el versículo es que un creyente y un incrédulo son tan diferentes entre sí como la justicia y la maldad, como la luz y la oscuridad, como Cristo y el diablo... lo que hoy diríamos "como el agua y el aceite", pero más aun, porque las cosas que menciona el versículo no solo son diferentes e incompatibles, sino directamente opuestas.

Ahora vayamos a la primera parte, de la cual surge la famosa cuestión del "yugo desigual". El yugo es una pieza de madera que se pone en el cuello o en la cabeza de dos animales de tiro (en general, bueyes o mulas) para que, colocados uno al lado del·otro, formen lo que se llama "yunta" y tiren juntos de un arado o de un carro. La Biblia nos advierte sobre el yugo desigual porque el ser distintos en algo tan fundamental como lo es la fe, nos impide tirar en forma pareja junto con la otra persona. De esta manera, el carro (que puede ser la relación en sí misma, o el hogar, las finanzas, la crianza de los hijos, etc.) no avanza, o avanza en forma despareja, o lo hace en la dirección equivocada.

Por otra parte, también tienes que evaluar si con esa persona podrás compartir las cosas que son más importantes para ti. Esto es necesario en toda buena relación. Y, se supone, las cosas de Dios son lo más importante para ti... ¿Cómo te sentirás cuando no puedas pedirle a tu novio que oren juntos por algún tema que les preocupe, o que ore por ti en alguna situación especial? Es más, si él no cree que Dios exista, entonces cuando tú estés orando, desde el punto de vista de él estarás hablando con el techo, o con las nubes, ¡o sola, como una persona loca! ¿Cómo te sentirás cuando, al poner tu diezmo, tu novia te diga que estás "tirando el dinero", y te reclame que por qué no lo usas para otra cosa? ¿Cómo te sentirás, en última instancia, al pensar que aquella persona a la que tanto amas estará contigo sólo por un tiempo limitado, y que luego se irá a pasar la eternidad a otra parte (separado de ti y de Dios)?

Por último, recuerda que en una relación tan estrecha, siempre (aunque no sea de manera intencional ni consciente) uno es una influencia para el otro, y viceversa. Esto es cierto también para las relaciones de amistad fuerte, y otros tipos de relación cercana. Puede ser una influencia positiva o negativa, pero siempre la habrá, porque pasamos tanto tiempo con el otro que nos vamos "moldeando" y pareciéndonos cada vez más al otro. Una relación sentimental con el tiempo va modificando nuestras actitudes, pensamientos, sentimientos, prioridades, etc. Y aunque es cierto que esto pueda hacerle bien a tu novio o novia no cristiano, debes pensar en qué modo te afectará a ti recibir la influencia de un no creyente.

Hay una ilustración muy común para estos casos. Imagina a una persona de pie arriba de una mesa, y a otra persona de pie en el suelo. Si se toman de la mano y cada una intenta jalar de la otra para llevarla hasta donde ella misma está (el que está arriba intenta subir al otro, y el que está abajo intenta bajar al otro), entonces... ¿quién piensas que es más fácil que consiga su objetivo? ¡El que está abajo, por supuesto! Esta metáfora ilustra muy bien lo que con demasiada frecuencia sucede en la realidad: Una chica cristiana se pone de novia con un chico no cristiano (al revés, por supuesto, también funciona) con la esperanza de "cambiarlo", de "convertirlo", para luego poder ser un yugo parejo. Pero con el tiempo ella termina apartándose, porque él "tira más fuerte" y ella está tan enamorada que ya no le puede "soltar la mano". Esto no sucede de un momento para el otro, sino que es muy sutil, y a veces lleva meses. De a poco, junto a este chico, van cambiando los amigos, las costumbres, los límites... y cuando ella se da cuenta de lo que está sucediendo (si es que se da cuenta) ya es demasiado tarde. Es muy triste pero es real, lo he visto cientos de veces, y por favor no creas que serás la excepción porque lo más probable es que no lo seas. No intentes tú sola "rescatar de la perdición a tu príncipe azul". No intentes tú solo "salvar a tu princesa de las garras del mundo". No juegues al "llanero solitario". No funciona así. Si alguien te gusta tanto, intenta primero invitarlo a tu grupo de jóvenes o a tu iglesia, deja que él o ella recorra esa parte del camino por su cuenta (no arrastrado por el enamoramiento hacia ti, sino por el enamoramiento hacia Dios), rodeado por un grupo de amigos cristianos, y luego, dentro de un tiempo, ves qué pasa... Te ahorrarás riesgos, y a la vez le permitirás a él o a ella iniciarse en los caminos de la fe concentrado o concentrada en lo más importante.

(De paso, si no la leíste antes, te recomiendo que leas también la respuesta a la pregunta anterior...)

32. ¿Está mal tener amigos no cristianos?

Tenemos que tener amigos no cristianos para hablarles de Jesús, pero simultáneamente tenemos que asegurarnos de tener mejores amigos cristianos para que nos edifiquen en Jesús. Los amigos son una gran influencia para nosotros, y lo son mucho más en los tiempos de adolescencia y juventud que en ninguna otra etapa de la vida. Es por eso que debes tener un especial cuidado al elegirlos. En la amistad, como en el amor, también vale el ejemplo del que está arriba de la mesa y el que está abajo (si no lo hiciste antes, lee la respuesta a la pregunta anterior). Si deseas tener algunos amigos no cristianos para bendecirlos con tu influencia positiva y compartirles tu fe en Jesús, pues muy bien, pero entonces lo mejor es que tengas un grupo (el principal) de amigos cristianos, que estén "arriba de la mesa" junto contigo, sosteniéndote para que no te caigas.

Además, si no tienes un grupo de amigos cristianos, ¿junto a quiénes orarás o a quiénes les pedirás oración cuando lo necesites? ¿Y con quién compartirás tus preocupaciones para recibir un consejo de sabiduría bíblica? Esto del consejo requiere un especial cuidado, porque muchos terminan recibiendo consejos de sus amigos no cristianos en lugar de ser ellos quienes dan los consejos. Esto finalmente los lleva a tomar decisiones equivocadas, por escuchar a los consejeros equivocados. Siempre es importante que ante cualquier decisión que debas tomar en la vida puedas considerar cuál es el consejo que tiene la Biblia para darte al respecto, y para esto es útil que tengas un grupo de amistades que conozcan y amen a Dios, y puedan ofrecerte ese la palabra apropiada cuando la necesites. No hay en el mundo mayor sabiduría que esta, la que proviene del Señor.

Por otra parte, para las amistades también es válido eso del yugo desigual. ¿En qué sentido? Bueno, conozco muchos casos de amistades rotas por unirse en yugo que resultó desigual. Por ejemplo, imaginemos un chico cristiano que tenía un muy buen amigo no cristiano. Lo pasaban muy bien juntos en la escuela, se divertían, incluso se iban de vacaciones juntos... Hasta que en determinado momento decidieron abrir un pequeño negocio juntos, pensando que lo iban a pasar de maravillas pudiendo verse todos los días y encima ganando plata. ¿Lo ves? Ahí se unieron en un yugo, que era desigual. A partir de ese momento comenzaron a surgir los problemas. El chico no cristiano quería intentar evadir algunos impuestos para que el negocio ganara más plata, y el chico cristiano no estaba de acuerdo. El chico cristiano no quería abrir el negocio los domingos, y el chico no cristiano lo veía como una haraganería y una pérdida de dinero innecesaria. Y así sucesivamente, las "pequeñas" diferencias fueron desgastando la relación hasta que finalmente se quedaron sin negocio y sin amistad...

Por último, recuerda siempre que **somos nosotros los que debemos transformar el mundo, y no al revés.** El mejor consejo que puedo darte es que busques un grupo pequeño, de tres o cuatro chicos o chicas (todos de tu mismo sexo) cristianos, con los que puedas reunirte con regularidad para compartir lo que está pasando en las vidas de cada uno, rendirse cuentas mutuamente, confesarse sus pecados o debilidades, y sobre todo orar juntos por todos estos temas. Esto te proporcionará el sostén necesario para poder tener amigos no cristianos y ser tú el que sea de influencia para los demás.

33. ¿Cómo puedo ser una persona más atractiva para mis amigos sin dejar de respetarme?

Primero que nada te digo lo siguiente: Si notas que necesitas hacer demasiado esfuerzo para ser más atractivo para tus amigos, entonces creo que hay algo que no funciona bien en esa amistad. Si tienes que cambiar tanto para agradarles, y sobre todo si tienes que no respetarte a ti mismo, entonces no son tus amigos. Grábatelo en la cabeza. Por más que te digan que lo son, y por más que tú quisieras que lo sean, no son tus amigos. Date media vuelta y búscate otros mejores. **Tus verdaderos amigos te aceptarán y valorarán por lo que eres, y nunca querrán que dejes de respetarte para agradarles.**

La Biblia pone un principio claro en referencia a este tema para quienes nos llamamos cristianos: "¿Qué busco con esto: ganarme la aprobación humana o la de Dios? ¿Piensan que procuro agradar a los demás? Si yo buscara agradar a otros, no sería siervo de Cristo." (Gálatas 1.10). Es decir que también tienes que tener cuidado cuando, por agradar a otros, dejas de fijarte en lo que agrada a Dios, tu Padre que te creó y te ama.

Ahora bien, si lo que quieres son algunos consejos para ser un mejor amigo (de tus buenos amigos), aquí tienes algunos:

- Aprende a escuchar a los demás: a veces las personas, más que recibir un consejo, necesitan simplemente ser escuchadas para sentirse mejor. E incluso para dar un buen consejo es necesario antes escuchar bien lo que la otra persona tiene para contar.

- Se fiel: no reveles a otros lo que te confiaron tus amigos, ni chismosees. Tus amigos deben poder confiar en ti, y saber que lo que te cuentan no llegará a oídos de otros.

- Trata bien a tus amigos: aunque hoy esté de moda burlarse de los defectos de los demás y hacer bromas, todo el mundo prefiere ser tratado de buenas maneras y ser respetado. O mejor aún, puedes pensar en algo positivo de cada uno de tus amigos y hacérselos notar cuando los veas.

- Acompaña a tus amigos "en las buenas y en las malas". Es muy fácil ser un buen amigo cuando todo está bien. Pero debes estar dispuesto a estar allí para tus amigos también cuando tengan problemas familiares, cuando estén atravesando una enfermedad, o en cualquier otra situación difícil que les toque atravesar.

- Por último (aunque la lista podría seguir) ora por tus amigos. Esto es algo que puedes hacer en secreto pero que sin dudas es un acto de amor que traerá mucha bendición a sus vidas.

34. ¿Cuál es la mejor edad para casarse?

Me compraría ya mismo un automóvil nuevo si me dieran un dólar por cada vez que un adolescente me hizo esta pregunta. Mi respuesta siempre es la misma: No hay un número mágico. Lo siento. Las relaciones interpersonales no son matemáticas, y una determinada edad para unos es muy diferente de la misma edad para otros.

Lo que sí hay son etapas ideales, y otras que no lo son.

La adolescencia, por ejemplo, no lo es. De hecho, ni siquiera creo que sea ideal para ponerse de novios. En una de las respuestas anteriores te decía que para encontrar al amor de tu vida es necesario saber hacia dónde te diriges, y en la adolescencia es prácticamente imposible tener tu futuro tan encaminado como para saber con inteligencia a quién quieres o necesitas tener a tu lado.

Yo creo que la edad ideal para casarse comienza a partir de terminados los estudios. Si vas a ir a la universidad, entonces que sea luego de terminar la universidad. Conozco a muchas parejas que se casaron antes de terminar sus estudios y, aunque algunos finalmente lograron terminarlos, a todos les fue mucho más difícil que cuando eran solteros, sobre todo si eran los dos los que pretendían continuar estudiando. Ja, no estoy diciendo que no se pueda. Pero la pregunta era cuál es la mejor edad... y lo mejor es que ya hayamos tenido el tiempo necesario para desarrollar nuestra vocación haciendo lo que nos gusta. Eso sin dudas es lo mejor.

35. Estoy de novia y sé que tengo que dejarlo. ¿Cuál es la mejor manera de hacerlo?

Voy a hablarle tanto a las chicas que van a dejar a un novio como a los chicos que van a dejar a una novia. Como siempre, como todo, la mejor manera de hacerlo es con amor. No conozco tu caso particular, y no sé por qué motivo o motivos vas a dejar a tu novio o novia, pero sea como sea debes hacerlo con amor hacia la otra persona, y pensando en no herir sus sentimientos. Incluso si lo estás dejando porque te hizo algo malo, debes cuidarte de no pagar mal con mal y de no hacer o decir cosas que puedan lastimar al otro solamente por "darle su merecido". Esto es así porque Dios nos manda a que nos tratemos unos a otros con amor, que es "el vínculo perfecto", y que incluso tratemos con amor a nuestros enemigos (¡hasta nos manda a orar por ellos!)

Como segundo consejo, quiero recomendarte que lo hagas hablando con la otra persona, tranquilos y a solas. Por supuesto, nadie espera el momento de la reunión de jóvenes el sábado por la noche para tomar el micrófono y anunciarle a su novio, frente a todo el grupo, que va a dejarlo. Pero muchos se equivocan, ya sea mandando "el mensaje" a través de terceros (un amigo o amiga en común), o directamente dejando de llamar al otro hasta que el otro "adivine" o "se dé cuenta" de que ya no quieren verlo más. Ninguna de estas opciones es buena. Debes poder hablar de frente la situación con la otra persona, y explicarle tus motivos y razones para dejar de verlo, de manera que todo quede claro entre ustedes.

Tercero, sé ubicado. Busca el mejor momento para tener esta charla. Parece obvio decirlo, pero tengo que hacerlo porque hay chicas tan desconsideradas que han dejado a su novio la noche anterior a que el tuviera que rendir un examen importantísimo. Y claro, después de recibir semejante noticia, y de llorar toda la noche en lugar de dormir, ¿cómo puede rendir bien su examen el pobre muchacho? O casos de parejas de novios que están juntos en el equipo de alabanza, y uno decide dejar al otro justo en la mitad del campamento anual de la iglesia, cuando todavía les quedan tres días de ministrar juntos mañana, tarde y noche. O casos de chicos que dejan a su novia la semana que ella cumple 15 años, justo antes de su gran fiesta soñada. De más está decir que le arruinan la fiesta, el sueño, y los 15 años, todo junto. Si tu novio vive lejos y suele venir a visitarte con su moto, tal vez sea mejor que le comuniques tu decisión en otro momento, y no en un día de tormenta en el cual él tenga que volverse tarde a su casa, manejando bajo la lluvia, nervioso, y secándose las lagrimas al mismo tiempo. Tampoco es cuestión de esperar el momento "ideal" porque probablemente no lo habrá nunca. Pero hay que saber elegir el momento, para que no sea de mal gusto.

Cuarto, si estás segura de que tus motivos para dejar a tu novio son los correctos (tal vez quieras chequearlos antes con algún líder o consejero), y estás segura de tu decisión, entonces prepárate para mantenerte firme pase lo que pase. Por ejemplo, conozco casos en los que, como la muchacha se pone a llorar desconsoladamente, el chico "se arrepiente" y decide continuar con la relación para no "arruinarle la vida" a su ex-novia (que nunca llegó a ser ex). El problema con esto es que **si la relación no funcionó antes, no va a funcionar porque haya un mar del lágrimas de por medio.** Estar con otro por lástima nunca es buena razón. Mejor es dejar a la otra persona libre para que pueda encontrar alguien que esté con ella por los motivos correctos, y no sólo para no verla llorar.

Por último, dale tiempo al otro para "procesar" lo que está sucediendo y para hacer el "duelo" necesario. Probablemente tú ya estuviste pensando y meditando mucho sobre el tema antes de comunicárselo, pero piensa que el otro recién se entera y puede haberlo sentido como un "shock". Todos necesitamos un tiempo, cuando recibimos una noticia de este tipo, para poder aceptarla y reacomodarnos a la nueva realidad. Dale al otro el tiempo y el espacio que necesite para sanar su corazón. Y mientras tanto ora por él o por ella, para que el Señor le ayude a aceptar esta noticia y lo consuele mientras te mantienes firme en tu decisión. (¡Eso es bueno para ambos!)

36. ¿Cómo me puedo desenamorar de alguien que me ha lastimado? ¿Será posible hacerlo?

Quizás la pregunta más importante sería: ¿Cómo puedes seguir enamorado o enamorada de alguien que te ha lastimado?

En estos casos lo que debes entender (o recordar) es que tú eres una persona muy valiosa y Dios siempre tiene algo bueno para tí. Mira lo que te dice el Señor: "...te amo y eres ante mis ojos precioso y digno de honra." (Isaías 43.4). ¿Lo ves? Eres algo muy valioso para Dios. Y, por lo tanto, debes valorarte tú también. Un buen ejercicio para lograr esto es hacerte una copia de este versículo y pegarla en el espejo en el que te miras cada mañana antes de comenzar el día. Pronto te lo habrás aprendido de memoria y, lo más importante, habrás internalizado esta verdad.

Por supuesto, los demás también deberían valorarte, pero aunque no todos lo hagan (porque hay gente de toda clase en este mundo) sí debes esperar esto de tu novio o novia. Debes buscarte un compañero que te cuide, te respete, te aprecie, y te vea como la princesa o el príncipe que eres. Y si no lo hace, entonces debes reflexionar muy seriamente sobre la situación. (En caso de que la necesites, tienes a tu disposición la respuesta a la pregunta anterior...)

En serio, no te rebajes a estar con alguien que te lastima (ni física ni emocionalmente). Piensa en lo valiosa que eres, pídele a Dios que te confirme esta verdad en tu corazón dándote seguridad y confianza en ti misma, y luego decídete a desenamorarte (si es que esto no ocurrió de manera automática cuando reconociste tu propio valor). ¡Es posible hacerlo, por supuesto! Y luego pídele a Dios que, en el tiempo apropiado, te dé un compañero que sepa verte como Dios te ve, y que sepa valorarte como la piedra preciosa que tú eres.

37. ¿Cuál debe ser el límite en las caricias?

Mi mamá era médica especialista en adolescencia y siempre me explicaba que no había que tocar nada que fuera tapado por un traje de baño, ya que el traje de baño cubre las zonas del cuerpo consideradas erógenas (¿Ero qué?... Significa las zonas excitables), y al tocarlas esto producía una excitación que luego era prácticamente imposible de controlar.

También me decía que el órgano sexual más poderoso es el cerebro, y que por eso uno debía decidir claramente qué quería hacer y qué no, antes de que las sensaciones físicas comenzaran a tomar el control de los pensamientos. Me decía que la clave estaba en poner límites claros para cuidarme de no hacer algo que me iba a lastimar a mí y a otra persona que yo apreciaba.

Aunque aquí estamos hablando específicamente de las caricias, te recomiendo que leas la respuesta a la pregunta 45 para establecer por qué conviene esperar hasta el matrimonio para tener relaciones sexuales. El punto es que si yo entiendo que no es inteligente tener relaciones sexuales antes del matrimonio, entonces tengo que poner un límite para las caricias. Un límite que no permita que otras partes de mi cuerpo tomen decisiones por mí en lugar de mi cerebro. Eso es lo que ocurre cuando despertamos esas zonas erógenas que te mencioné al principio. Al acariciarlas producimos una sensación tan fuerte que es obvio que luego nos va a costar detenernos, y por eso es tonto lo de "tocar un solo un poquito".

Tocar pechos, genitales, dar besos de lengua y frotar un cuerpo con el otro claro que se siente bien. Pero que se sienta bien no es sinónimo de que sea inteligente hacerlo.

Esas zonas, además, son propiedad de la intimidad de cada uno. Y permitirle al otro entrar en ese terreno tan personal te abre la puerta a mucho dolor a menos que haya un compromiso real y practico de por medio (y eso se llama matrimonio).

Hoy por hoy, después de haber tenido un par de novias antes de casarme (incluyendo a quien hoy es mi esposa) y habiendo aconsejado a miles de jóvenes a través de los años, estoy seguro de que los limites que me enseñó mi mamá son los correctos. Recuerda que una vez que se tocan esas zonas es muy difícil volver atrás, así que el límite debería ser no tocar esas zonas que producen sensaciones tan fuertes para que ninguna parte de nuestro cuerpo ocupe el lugar de nuestra mente.

4

PADRES

A TODOS NOS HA COSTADO SER BUENOS HIJOS, Y TODOS HEMOS NECESITADO DE NUESTROS PADRES.

"Honra a tu padre y a tu madre, para que disfrutes de una larga vida en la tierra que te da el Señor tu Dios."
Éxodo 20.12

38. Si Dios quiere que honre a mis padres, ¿por qué me dio los padres que tengo?

Si quisiera responderte con humor, podría citar 1 Corintios 10.13:

"Ustedes no han pasado por ninguna prueba que no sea humanamente soportable. Y pueden ustedes confiar en Dios, que no les dejará sufrir pruebas más duras de lo que puedan soportar. Por el contrario, cuando llegue la prueba, Dios les dará también la manera de salir de ella, para que puedan soportarla." (DHH)

Pero no. Este no es el versículo que corresponde al caso. Mas bien me veo en la obligación de enseñarte (o recordarte) lo que dice este otro versículo:

"Honra a tu padre y a tu madre, para que disfrutes de una larga vida en la tierra que te da el Señor tu Dios." (Éxodo 20.12)

Y por si estás pensando en argumentarme que este mandamiento aparece en el Antiguo Testamento (como si por esta razón hubiera caducado, ¡je!), te anticipo que en el Nuevo Testamento se repite y se confirma esta instrucción:

"Hijos, obedezcan a sus padres, porque ustedes son de Cristo y eso es lo que les corresponde hacer. El primer mandamiento que va acompañado de una promesa es el siguiente: "Respeta y obedece a tu padre y a tu madre, para que todo te salga bien y tengas una larga vida en la tierra"." (Efesios 6.1-3, BLA)

Así que, como ves, no solo es que Dios quiere que obedezcas a tus padres, sino que te *manda* que lo hagas y yo creo que esta es una de esas lecciones que Dios nos va dando a medida que obedecemos. **Nuestros padres pueden no ser los mejores, pero son los que tenemos y de nosotros depende usar esta realidad a nuestro favor.** Por eso, para que te consueles un poco, fíjate también que es el primer mandamiento con promesa, ¡y vaya promesa! El Señor dice que si respetas y obedeces a tu padre y a tu madre, todo te saldrá bien y tendrás una larga vida. ¿Verdad que vale la pena hacer el esfuerzo?

39. ¿Por qué debo obedecer a mis padres aunque estén equivocados?

Antes de responderte esta pregunta tengo que pedirte que, si todavía no lo hiciste, leas la respuesta anterior. Te espero...

Muy bien. Ahora ya sabes por qué debes obedecer a tus padres, y por qué, además, te conviene hacerlo. Dicho esto, hablemos en particular de aquellas situaciones en las que están equivocados...

Está claro que los padres a veces se equivocan, pero ¿has escuchado el refrán popular "El diablo sabe por diablo, pero más sabe por viejo"? Bueno, sin hacer comparaciones que resultarían ofensivas, lo cierto es que "los padres saben por padres, pero más saben por viejos". ¿Qué quiero decir con esto? Que es probable que muchas veces tú creas que están equivocados cuando en realidad no lo están. Ellos tienen más experiencia, más madurez, y una perspectiva más amplia de la vida, todo lo cual hace que muchas, pero muchas veces, sepan mejor que tú qué es lo mejor o lo más conveniente.

¿Pero qué si estas 125% seguro que están equivoca-dos? Ya pusimos en claro que te toca respetarlos igual, pero eso incluye que puedes conversar con ellos sobre lo que te preocupa. No hables en momentos de enojo. Sácalos de la rutina para que te escuchen con mayor atención. Invítalos a sentarse en un café contigo y exprésales por qué crees que están en un error. ¡Puede que te sorprendan con su reacción!

Ahora bien, también es importante que sepas que **esto de obedecer se aplica siempre y cuando lo que te ordenen o te pidan tus padres no sea pecado**, no sea algo que Dios explícitamente prohíbe en su Palabra, y no sea algo riesgoso para tu integridad física o la de otra persona. Si te encontraras en alguna de estas situaciones, lo mejor es intentar primero explicarles a tus padres tu punto de vista o tus creencias. Y si esto no funcionara, yo te recomiendo que consultes a tu líder de jóvenes, a tu pastor, o a algún otro adulto de tu confianza que sea un cristiano maduro, para que pueda darte consejo y ayuda. No te quedes encerrado tú solo con tus problemas. Pide ayuda si la necesitas, porque para eso está el cuerpo de Cristo.

40. Mis papás se están separando. ¿Cómo los puedo ayudar? ¿Es pecado el divorcio?

Una separación es siempre un proceso difícil y dolo-roso. En general, cuando un matrimonio llega a esta situación ya ha transcurrido un largo período durante el cual los miem-bros de la pareja intentaron resolver los problemas que hacen que les resulte tan difícil la convivencia. Cuando no logran superar esos conflictos, llega un momento en que deciden que no pueden seguir viviendo juntos y entonces se plantean la separación. Si estás viviendo esta situación en tu familia, sabrás que en este proceso todos sufren.

Para estar en condiciones de ayudarlos entonces, debes tener bien en claro que de ninguna manera eres tú responsable de que tus padres se separen. Nada que tú hayas hecho o dejado de hacer fue en modo alguno la causa de esta decisión porque jamás tus acciones deben justificar las de ellos. El que tus padres hayan decidido que no pueden seguir viviendo juntos tiene que ver estrictamente con su relación personal, y es totalmente independiente de tu comportamiento. Es más, probablemente la mayor causa de sufrimiento para ellos en este trance sea pensar en el dolor que su decisión te está causando a ti.

Por eso, desde tu lugar de hijo, una de las cosas más importantes que puedes hacer es no permitir que te invada la amargura ni el resentimiento. De este modo, estarás en condiciones de expresarle a tus padres el amor que sientes por cada uno de ellos, independientemente del dolor que te ha producido la decisión que tomaron. Esto será de gran ayuda para ellos.

Trata de comprenderlos si es que a veces están nerviosos o alterados, porque están pasando por un tiempo muy difícil. Riega tu casa con paz. Busca momentos de intimidad para Intentar conversar acerca de lo que sientes. Esto a su vez les dará a ellos la oportunidad de buscar tu comprensión y expresarte cuánto te aman.

En este momento tu familia está viviendo un tiempo

de tormenta. Quiero recordarte que el Señor Jesús, que es igual ayer, hoy y por los siglos, sigue teniendo el mismo poder que hace 2000 años para calmar las tempestades. Confía en la Palabra: "No se inquieten por nada; más bien, en toda ocasión, con oración y ruego, presenten sus peticiones a Dios y denle gracias. Y la paz de Dios, que sobrepasa todo entendimiento, cuidará sus corazones y sus pensamientos en Cristo Jesús." (Filipenses 4.6-7). Lleva a Dios en oración toda esto que está pasando en tu familia y pídele que intervenga para traer Su paz, pero sin olvidarte de que también debes darle gracias. Te preguntarás cómo puedes dar gracias por algo en una situación tan penosa, pero por alguna buena razón es que Dios lo pone como condición para poder traer paz a nuestro corazón. No conozco tu caso particular, pero te aseguro que si lo piensas un poco, encontrarás muchas cosas por las cuales agradecer a Dios, aun en las circunstancias más difíciles. Y créeme, ten paciencia. Aunque te parezca imposible, con el transcurso del tiempo las cosas se van a ir acomodando y tranquilizando.

Por otra parte, aunque la Biblia lo enmarca como una decisión extrema desencadenada por la violencia o la infidelidad, no dice expresamente que el divorcio sea pecado. Cada caso de separación se da en circunstancias diferentes y por diferentes motivos. Dios no solo juzga lo que hacemos sino también los pensamientos y las intenciones del corazón. Si los dos miembros de la pareja son creyentes, deberían buscar la ayuda del Señor para restaurar su relación. Si sólo uno de ellos es creyente, el consejo bíblico claramente está expresado en 1 Corintios 7.12-15, y el creyente debería tenerlo en cuenta.

Ciertamente el anhelo expreso de Dios es que las familias se mantengan unidas y que el matrimonio se conserve para toda la vida. Pero Él juzgará en cada caso en particular cómo se ha tomado la decisión y en que forma se lleva a cabo el proceso de la separación. Si es que las motivaciones han sido egoístas o si, por el contrario, se ha buscando la solución procurando el mayor bien de todos. Y aún en una situación de divorcio es posible manejar las relaciones sin dejar de cumplir, por sobre todas las circunstancias, el supremo mandamiento, que es el del amor...

"Sobre todo, ámense los unos a los otros profundamente, porque el amor cubre multitud de pecados." (1 Pedro 4.8)

41. Mis padres se han divorciado y están siempre intentando ponerme uno contra el otro. ¿Qué debo hacer?

El divorcio disuelve legalmente el vínculo matrimonial pero no hace desaparecer las causas por las cuales esas personas decidieron tomar caminos separados. La mayoría de las veces, aunque no siempre, también queda muy dañada la relación personal entre los ex–cónyuges. Obviamente ellos están muy heridos por las cosas que han sucedido y que los llevaron a la dolorosa decisión de divorciarse, y por eso no se dan cuenta cuánto daño te hace a ti la situación en la cual te colocan.

Lo primero que debes hacer es perdonarlos en tu corazón por intentar involucrarte en un conflicto en el cual tú no tienes ninguna responsabilidad. El hecho de que tus padres se hayan divorciado no significa que se hayan divorciado de ti. Tu madre siempre seguirá siendo tu madre, y tu padre siempre seguirá siendo tu padre. Eso no va a cambiar nunca, y el amor de cada uno de ellos por ti nunca dejará de existir. De la misma manera, tú los seguirás amando a ambos, independientemente de que pases más tiempo con uno que con otro, o te entiendas mejor con uno que con el otro.

Es importante que tengas claro que el conflicto que aún subsiste en la relación entre tus padres no pasa por ti, y por esta razón no debes permitir que te involucren en él. Intenta conversar, en amor, con cada uno de ellos por separado, para ayudarlos a reflexionar sobre este tema y cando veas que las emociones son demasiado fuertes solamente calla y escúchalos, entendiendo que te habla alguien herido, pero con cuidado de no tomar partido.

Para fortalecer tu posición, puedes apoyarte en el quinto de los Diez Mandamientos, el de honrar a tu padre y a tu madre: "Honra a tu padre y a tu madre, para que disfrutes de una larga vida en la tierra que te da el Señor tu Dios." (Éxodo 20.12). Cuando uno de tus padres intente ponerte en contra del otro, explícale con respeto que no puedes hacerlo porque deseas poder honrar a tus padres, tanto a uno como al otro. Al ver que te mantienes firme y respetuosamente en esta posición, ellos mismos comenzarán a cambiar su forma de enfocar la situación, y seguramente las cosas poco a poco irán mejorando.

42. Mi mamá y yo peleamos todo el día. ¿Cómo puedo arreglar mi relación con ella?

Si bien es común, especialmente durante la adolescencia, que los hijos discutan mucho con sus madres, de ninguna manera es sostenible una situación en la cual haya peleas todo el día. ¡Qué bueno que estés buscando cómo hacer para restaurar esa relación! ¡Cuánto le alegrará tu actitud al Señor, que nos anima a que "Si es posible, y en cuanto dependa de ustedes, vivan en paz con todos." (Romanos 12.18)!

Ya que tienes la voluntad de hacer el esfuerzo por solucionar este problema, lo primero entonces que deberías intentar es desactivar el clima de guerra para crear un ambiente dentro del cual se pueda comenzar a dialogar. Para pelear hacen falta por lo menos dos personas. Si tú decides hacer el esfuerzo de no involucrarte más en una pelea, dejará de haber peleas. Este es solamente un comienzo, ya que el hecho de que no peleen no implica que se haya logrado el objetivo final, que es restaurar la armonía en la relación. Pero es un paso necesario para poder avanzar en el acercamiento mutuo, ya que es muy difícil escucharse en medio de las tormentas.

Luego, lo que debes hacer es cambiar la forma en que piensas acerca de tu mamá. Si hay actitudes suyas que te exasperan, trata de que prevalezcan en ti el amor y la compasión. Piensa que, como en todos nosotros, su carácter puede estar afectado por experiencias de su propia infancia y adolescencia, o heridas del corazón que no han sido sanadas, y eso influye en su manera de reaccionar ante las cosas que tú dices o haces. Comprende que además puede estar pasando por cambios hormonales propios de su edad, que también influyen sobre sus reacciones (y lo mismo puede estar sucediéndote a ti con los cambios hormonales propios de tú edad). Todo esto debe servirte para no centrar la mirada en ti y en como te afectan sus actitudes, sino en tu mamá, y en cómo ella estará sufriendo a causa de esta situación, sin encontrar la forma de solucionarla.

Cuando hayas logrado, con la ayuda del Señor, que disminuya el número de peleas, deberías entonces buscar un momento justo para una conversación de corazón a corazón. Lo más probable es que tú mamá esté tan deseosa como tú de que la relación sea sanada, pero tal vez le cueste buscar el acercamiento por temor a tus reacciones. Trata de generar un clima de confianza, que ella pueda ver que ha habido un cambio permanente en tu actitud hacia ella, para que pueda expresarte el amor que siente por ti sin temor a ser rechazada o herida. El amor es una fuerza poderosa, pero para que obre no basta con sentirlo, sino que hay que poder expresarlo en palabras.

Una vez que hayan podido afirmarse en el amor que se tienen, hagan un pacto de comenzar a decirse las cosas con gracia. Propóngase hablar de lo que les molesta sin agresión, cuidando de no ofenderse mutuamente. Decidan que cuando surge un problema entre ustedes, la primera reacción sea llevárselo a Dios en oración. Y como la voluntad expresa de Dios es "...que los padres se reconcilien con sus hijos y los hijos con sus padres..." (Malaquías 4.6), pueden confiar en que Él las estará ayudando en todo para que Su paz pueda finalmente reinar en esta relación.

43. ¿Qué debo hacer si un familiar abusa de mí?

El abuso físico, sexual e incluso verbal debe ser denunciado. El abuso es un proceso en el que las ideas, sentimientos, características de personalidad y percepciones de una persona son rebajados y despreciados hasta que llega un momento en que la víctima empieza a ver estos aspectos de sí misma como gravemente dañados o incluso ausentes. Es decir, se produce una destrucción del sentido del yo, de la identidad personal y esto puede incluir la sexualidad y el cuerpo, creyendo la víctima que porque fueron abusados ya no son valiosos. Si el agresor es un familiar y no son tus padres, ellos deben saberlo con urgencia. Pero si es uno de ellos quien abusa de ti, tienes que hablar ya mismo con un pastor. O, si crees que tu vida corre peligro, incluso debes llamar a la policía.

Si el abuso es sexual también valen los dos consejos anteriores, pero además te recomiendo fuertemente que hables con un profesional cristiano que se especialice en estos temas, para que te ayude a sanar tus recuerdos y tu corazón. Es comprensible que el hecho de que el abusador sea uno de tus padres (u otro familiar cercano) puede generar mucha culpa y vergüenza, pero mucho peor es que continúes siendo víctima del abuso. El mantenerla en secreto empeorará la situación y no la mejorará, porque los abusos no son simplemente cosas que se arreglen solas con el tiempo... Ha llegado tu hora de denunciar el abuso. Toma fuerzas de Dios y no pierdas la esperanza. Esto tiene una solución, pero debe comenzar por tu decisión de no callar más.

44. ¿Está mal que mis padres y yo vayamos a iglesias diferentes?

Mientras los hijos son pequeños, lo habitual es concurrir a la iglesia como familia. Durante los años de crecimiento de los niños, la iglesia acompaña las distintas etapas, colaborando con los padres en la tarea de formación, de modo que los pequeños vayan madurando en la fe y en el conocimiento de Dios y de Su Palabra. Este proceso de maduración va preparando a los hijos para que, a su debido tiempo, lleguen a tener una relación con Dios que sea verdaderamente personal. Es decir que, sin dejar jamás de honrar a los padres, en el camino hacia la adultez nuestra relación con Dios se va haciendo gradualmente más personal, y la forma de relacionarnos con Él y con la iglesia adquiere sus propias características, que no serán necesariamente las mismas que las de nuestros padres.

Así como entre los seres humanos hay diversidad de personalidades, también entre las distintas congregaciones y denominaciones existe una enorme variedad. Hay iglesias mas "tranquilas", otras más "ruidosas"; unas con muchos adolescentes, otras con más personas mayores, algunas más antiguas, otras más jóvenes; algunas con música de órgano, otras con bajo y batería; algunas muy serias, otras más informales. Lo único importante es fijarse que la cabeza de la iglesia sea Jesús, y que tanto el culto como todas las actividades que se realicen sean para darle gloria a Él y para extender Su reino.

Ahora bien, a partir de la adolescencia, además de lo lindo de compartir la vida con nuestro grupo familiar, comenzamos a disfrutar de la relación con nuestros amigos, a realizar más actividades con ellos, y a conocer chicos y chicas de otras iglesias. Vamos a campamentos, nos invitan a sus eventos, y así empezamos a visitar otras congregaciones y comenzamos a descubrir la maravillosa diversidad que existe dentro del cuerpo de Cristo.

Cuando ya has llegado a tener tu propia relación con Dios, puede suceder que la "personalidad" de la iglesia en la cual creciste y en la cual se congregan tus padres, siga siendo el lugar ideal para que ellos se congreguen, pero no necesariamente el más adecuado para cubrir tus necesidades de recibir y tus posibilidades de dar conforme a tus dones. En estos casos suele desatarse una pequeña crisis familiar, porque no siempre es fácil para los padres acostumbrarse a los cambios propios del crecimiento de los hijos.

Puede ser que sufran, puede ser que se resistan un poco, pero yo te aseguro que lo más importante para los padres creyentes es que sus hijos no se aparten del camino del Señor. Entonces, si te encuentras en esta situación, deberías hablarlo con ellos en confianza, afirmándoles cuán agradecido estás de que te hayan criado en la iglesia y cuánto amas a esa congregación que tanto te ha bendecido. Luego explícales las razones por las cuales crees que en esta nueva etapa de tu vida podrías seguir creciendo más si te integras a otra congregación. Es muy importante que esta transición se lleve a cabo contando con la bendición de tus padres. Dales tiempo. Probablemente al principio estén tristes y confundidos por el cambio, pero sin duda los hará felices comprobar que cumplieron muy bien con su tarea de padres y que ya estás maduro para acercarte al Señor y servirlo por tu propia iniciativa.

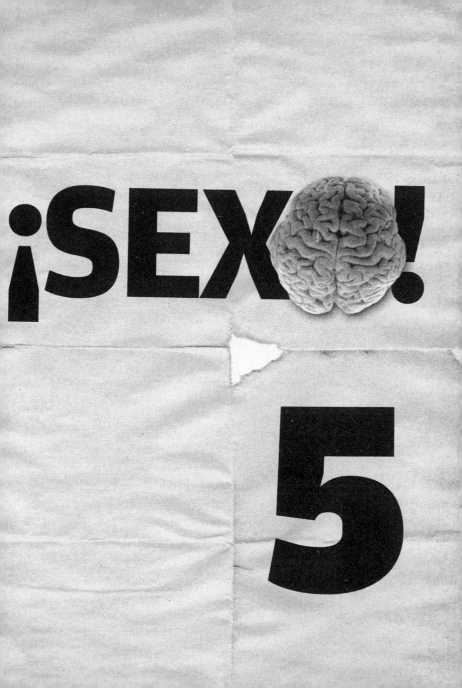

¿HAY OTRO TEMA DEL QUE SE HABLE MÁS EN LA TV Y EN LA ESCUELA? PERO, ¿QUÉ PIENSA DIOS AL RESPECTO, Y POR QUÉ IMPORTA SU OPINIÓN?

"Pero al principio de la creación Dios los hizo hombre y mujer", "Por eso dejará el hombre a su padre y a su madre, y se unirá a su esposa, y los dos llegarán a ser un solo cuerpo." Así que ya no son dos, sino uno solo. Por tanto, lo que Dios ha unido, que no lo separe el hombre."

Marcos 10.6-9

45. ¿Por qué en la iglesia dicen que hay que esperar hasta el matrimonio para tener sexo?

Dios inventó el sexo con dos motivos: Uno, la multiplicación (lo tenemos en el libro de Génesis) y el otro, el placer (lo tenemos el libro de Cantares, y el apóstol Pablo también habla de eso). Por eso me fastidia cuando veo que en algunos círculos religiosos se habla del sexo como si fuera algo malo. ¡El sexo es algo bueno, como todo lo que hizo Dios!

Lo que sucede es que con algo bueno también nos podemos lastimar. Eso mismo sucede, por ejemplo, con el fuego. ¿Quién puede decir que el fuego sea algo malo? El fuego es sensacional para cocinar y para mantenernos calientes en lugares de frío. Pero con el fuego también nos podemos quemar, y por eso hay que tener ciertos cuidados... ¡Lo mismo pasa con la sexualidad!

La intimidad sexual entre dos personas crea no solamente un lazo físico sino también uno emocional y otro espiritual. Estos tres tipos de lazos son diferentes entre sí aunque también dependen el uno del otro. Y por más que la sociedad y la industria pornográfica intenten convencernos de que las relaciones sexuales son solamente algo físico, no hay manera de negar que la intimidad sexual afecta también nuestras emociones y nuestro espíritu.

Grábate esto: Dios quiere lo mejor para nosotros y por eso mismo es que quiere que DIFRUTEMOS las relaciones sexuales y no que nos LASTIMEMOS con las relaciones sexuales. Es por eso que la Biblia nos enseña a reservarlas para el matrimonio. Ahí hay una situación de pleno compromiso entre dos personas. No es solamente una declaración de deseos e intenciones, sino que es una realidad legal y practica. Y eso crea un compromiso pleno entre los miembros de la pareja casada. Los dos se han hecho uno, y entonces la intimidad sexual es simplemente un reflejo de eso.

Sin el pleno compromiso que te da el marco del matrimonio te expones demasiado a que tu corazón, tus emociones y tu espíritu sean lastimados y corrompidos.

Por ultimo, es bueno tener en claro que la Biblia no solamente nos anima a evitar el acto sexual fuera del matrimonio, sino que también nos dice que debemos alejarnos de toda inmoralidad sexual, porque ella nos corrompe. Y Dios está interesado en la pureza porque la pureza del corazón y los pensamientos es el ámbito necesario para que en nosotros crezca su amor.

46. ¿Qué actitud debo tener frente a la homosexualidad?

La misma actitud que Dios. Según la Biblia la homosexualidad es pecado, pero ¿cuál es la actitud de Dios frente al pecado? Cuando leemos la Biblia en toda su extensión sin sacar versículos fuera de contexto concluimos que Dios detesta el pecado, pero ama a los pecadores. Por lo tanto, sabemos que Dios ama a los homosexuales (tanto como te ama a ti y a mí). Aunque cuidado: no estoy diciendo que apruebe lo que hacen. La Biblia lo dice muchas veces, por ejemplo en Levítico 18.22: "No te acostarás con un hombre como quien se acuesta con una mujer. Eso es una abominación." Pero los ama, y es por esto que quiere rescatarlos de su pecado, porque Él desea lo mejor para sus vidas. ¿Y qué es lo mejor para sus vidas?

Bueno, lo mismo que para cualquiera de nosotros, lo mejor para sus vidas es vivir de acuerdo al plan que diseñó Dios, un plan que incluye la sexualidad que nos dio a cada uno.

Cierta vez un amigo me contó la siguiente historia: "Cuando yo estaba en la escuela secundaria teníamos un compañero homosexual. Le hacíamos la vida imposible, y nos burlábamos de él todo el tiempo. Él intentaba evitar estar con nosotros, pero lo que más odiaba eran los días que íbamos al campo de deportes. Más de una vez lo acorralamos en la esquina del vestuario y lo golpeamos con las toallas mojadas. Yo no estaba presente aquél día en que mis compañeros (pasándose un poco de lo que siempre hacíamos) lo arrinconaron en una esquina de las duchas y le orinaron encima. Pero sí estuve el día siguiente, cuando una de las autoridades de la escuela nos reunió a todos en el salón de actos y nos comunicó que a las 2:30 de la mañana nuestro compañero se había suicidado ahorcándose... ¿Sabes qué, Lucas? Esto fue mi culpa..." Cuando le pregunté por qué había sido su culpa si él no había estado el día anterior, me dijo: "Es que yo soy cristiano. Yo lo debería haber protegido de las burlas. Sí, le debería haber enseñado el camino correcto, pero por sobre todas las cosas le debería haber mostrado el amor de Dios. Eso es lo que Jesús hubiera hecho..."

Y mi amigo tenía razón, Jesús lo hubiera amado sin condiciones, al mismo tiempo que lo corregía con amor. Y creo que nosotros debemos hacer lo mismo, ¿verdad?

47. Mi amigo tiene modos afeminados, ¿es homosexual?

No todos los que hablan suavemente en vez de con voz de macho de telenovela, que se mueven con cierta delicadeza, y que se preocupan por estar vestidos y peinados de manera minuciosa son homosexuales. Dios nos hizo diferentes y hay que respetar las peculiaridades de cada uno sin andar etiquetando. Puede que un hombre sea más "delicado" que otro sin ser homosexual. Homosexual es alguien que se siente atraído sexualmente exclusivamente por personas de su mismo sexo y decide activar esa atracción. También hay homosexuales que se ven por fuera "muy hombres" (o "muy mujeres" si se trata de mujeres), y que nunca adivinarías qué orientación sexual tienen.

Por otra parte, he hablado con muchos jóvenes que me han confesado tener tendencias homosexuales manifiestas en fantasías o hasta en alguna experiencia. Una y otra vez les ayudo a diferenciar su identidad de sus conductas. ¿A qué me refiero? Al comenzar la adolescencia comienza una preciosa aventura por definir la propia identidad. En esta etapa es normal que tengas muchas preguntas acerca de la sexualidad, y es muy probable que tus hormonas produzcan mucha excitación. En medio de todo esto, algunos tienen sensaciones "novedosas" y "confusas", pero esto es también normal. El problema es que algunos le prestan demasiada atención a estas sensaciones pasajeras y desordenadas, que son fruto de los cambios físicos que están atravesando. Diversos estudios han comprobado que muchas personas heterosexuales habían experimentado en su adolescencia sensaciones confusas que simplemente descartaron. Lo malo es que muchos adolescentes están convencidos de que ya no tienen salida luego de haber tenido alguna de estas sensaciones. ¡Eso es un error! **Todos podemos decidir qué hacer con nuestra sexualidad, sin importar cuáles sean nuestras tentaciones, sensaciones, o fantasías.** Debemos librar a las personas de creer que porque experimentaron una "tentación" entonces ya están presos de una identidad. Dios nos dio a cada uno un cuerpo, una mente, y además una voluntad para poder decidir cuál es el mejor camino.

Esto es lo que puedes compartir si debes aconsejar a algún amigo que está batallando por definir su orientación sexual:

- Dios lo ama.
- Dios lo diseñó para que sea de determinado sexo, y Él sabe qué es lo mejor para nosotros.
- La mejor decisión es sujetar nuestra sexualidad (como todo) al plan de Dios.
- No debe permitir que determinadas sensaciones definan su identidad.

Finalmente, si tu amigo necesita ayuda para terminar de definir su orientación sexual, puedes animarlo a buscar ayuda en la iglesia. Hay muchas personas dentro del cuerpo de Cristo que están capacitadas especialmente para escucharlo y guiarlo.

48. ¿Es malo el sexo oral?

Dejemos que hable la Biblia: "El hombre debe cumplir su deber conyugal con su esposa, e igualmente la mujer con su esposo. La mujer ya no tiene derecho sobre su propio cuerpo, sino su esposo. Tampoco el hombre tiene derecho sobre su propio cuerpo, sino su esposa. No se nieguen el uno al otro, a no ser de común acuerdo, y sólo por un tiempo, para dedicarse a la oración. No tarden en volver a unirse nuevamente; de lo contrario, pueden caer en tentación de Satanás, por falta de dominio propio." (1 Corintios 7.3-5)

Culturalmente en muchos ámbitos religiosos este tema ha sido tabú y se ha tildado a esta práctica de no natural. Pero lo cierto es que dentro del matrimonio el sexo oral en sentido simple es simplemente otra posibilidad de producirle placer a nuestro cónyuge utilizando las zonas sensibles que Dios puso en el cuerpo del otro. Según lo que nos dice el apóstol Pablo en estos versículos, si nuestro cuerpo es del otro, entonces el límite entre lo que es apropiado y lo que no lo pone justamente la otra persona. Si para uno de los miembros del matrimonio esto es ofensivo, o le da culpa, o le parece de mal gusto, entonces el otro, por amor, simplemente debe abstenerse y concentrarse en lo que sí le agrada a su pareja.

Ahora, por las dudas, debo decirte que fuera del matrimonio es parte de lo que la Biblia prohíbe. Conviene aclararlo porque en algunos grupos de jóvenes hoy se considera a esta práctica como algo previo a la relación sexual, y no como parte de ella. Eso es obviamente un error, porque los genitales son justamente parte de nuestra intimidad sexual, y si lo que Dios nos dice que cuidemos es la pureza sexual, entonces el sexo oral está fuera de los limites de lo que está permitido antes del matrimonio

49. ¿Es mala la masturbación?

Depende de quién sea y en quién esté pensando el que se masturbe. ¿Te sorprendí con eso? Me imagino la cara de algunos...

Es que si estamos hablando de una persona casada que está pensando en su esposo o esposa, entonces no creo que haya nada de malo. ¿Por qué comienzo por ahí en un libro para jóvenes que obviamente son la mayoría solteros? Porque en esa realidad también se sostiene mi respuesta de por qué la masturbación es un pecado para los solteros, o para los casados que piensan en alguien fuera de su matrimonio.

El problema con la masturbación no está en el acto físico en sí, sino en los pensamientos que acompañan al acto físico. Obviamente el problema no es frotarse el cuerpo sino albergar en la mente pensamientos que sí son pecaminosos.

A través de los años he escuchado ideas muy diferentes respecto a lo malo o lo conveniente de la masturbación, pero yo creo que la clave está en aferrarnos a lo que nos enseña la Biblia: Dios nos llama a sacrificar nuestros cuerpos y mentes en un sacrificio agradable a Él, y a morir a nuestra carne (o, en otras palabras, a cualquier deseo que vaya en contra de su voluntad).

En los 10 mandamientos Dios estableció que el adulterio era pecado, y Jesús agregó: "Ustedes han oído que se dijo: "No cometas adulterio." Pero yo les digo que cualquiera que mira a una mujer y la codicia ya ha cometido adulterio con ella en el corazón." (Mateo 5:27-28). El gran problema con la masturbación fuera del matrimonio es que requiere meter en nuestras mentes pensamientos pecaminosos, que luego generan el hábito de pensar fuera de la voluntad de Dios.

50. ¿Cómo puedo abandonar la masturbación?

A lo largo de los años he tenido el privilegio de hablar ya creo que con miles de jóvenes con respecto a este tema, y con mucha alegría puedo reportar que sí es posible vencer este mal hábito.

Las duchas frías y las puertas de la habitación abiertas son una primera gran ayuda durante la adolescencia. Lo sé porque he escuchado testimonios de cómo este consejo ha cortado el hábito para algunos, y lo sé porque así fue que yo hice mi propia lucha también.

Evita aquellas cosas que enfocan tu atención en lo sexual. Sé que eso es difícil hoy en día, pero todos sabemos cuando nuestra mente está abriendo una puerta peligrosa.

Hace años escribí en uno de mis libros que **no podemos evitar que los pájaros vuelen sobre nuestras cabezas, pero sí podemos evitar que hagan nido allí.** Si sabes que el estar solo con tu compu te alimenta la lujuria, entonces evita internet o pon tu compu en un lugar donde tu mamá pueda ver lo que estás mirando. Si todo comienza cuando ves una película, entonces evita ese tipo de películas. Si luchas con la masturbación cada vez que miras tele en tu habitación hasta tarde, entonces saca la tele de la habitación.

El punto es proteger tu cerebro. Alimentar tu mente con pensamientos pecaminosos es llenarte de basura que en algún momento va a querer salir. Jesús también dijo: "Vigilen y oren para que no caigan en tentación. El espíritu está dispuesto, pero el cuerpo es débil." (Marcos 14.38)

Por último: pide ayuda. **Haz un pacto con otros jóvenes cristianos de rendirse cuentas mutuamente para cuidarse y protegerse unos a otros.** Si puedes también habla con tu padre o madre (según tu propio sexo) para que te ayude. Seguro te va a dar un poco de vergüenza hablar con cualquiera de esto, pero peor es mantener una lucha oculta y dejarte vencer por ella.

51. ¿Por qué tengo erecciones cuando no quiero?

La respuesta a esta pregunta depende de tu edad. Si estás entre los 12 y los 15 años, o incluso hasta los 18 no es para nada anormal que mientras estás experimentando algo llamado pubertad, tus hormonas y tus genitales parezcan estar algo fuera de control. Lo que genera la erección es la dilatación de las arterias que suministran sangre al pene, las cuales permiten de esta manera el paso de más sangre que llena los tejidos causando un aumento en el tamaño del pene y la rigidez conocida como erección. En esta etapa en la que te encuentras esto no tiene tanto que ver con un aspecto sexual sino que es la consecuencia del crecimiento físico que estás experimentando.

Por otra parte, si esto continúa más allá de los 18 años, entonces sí te recomiendo visitar a un medico, para que él pueda evaluar tu situación y ayudarte a solucionarla.

52. ¿Por qué la pornografía está apuntada más a los hombres que a las mujeres?

Definitivamente los hombres somos más visuales que las mujeres. Si prestas atención a tu alrededor te darás cuenta de que por ejemplo a los hombres nos gustan más las modelos que lo que a las mujeres les gustan los modelos. Y por el contrario notarás que a las mujeres les gustan más los cantantes románticos que lo que a nosotros nos gustan las cantantes románticas (a menos que se vean como modelos).

La ciencia corrobora que hombres y mujeres usamos de manera distinta los diferentes lados del cerebro. Las mujeres usan más el lado verbal y afectivo, y los hombres usan más el lado visual y mecánico.

Es por esta razón que la pornografía, al ser sobre todo un mecanismo visual, parece despertar mayor interés en los hombres que en las mujeres. De todas maneras sería un error creer que a las mujeres no les afecta o no les atrae la pornografía. La diferencia entre unos y otros radica en cuál tipo de pornografía afecta más a cada uno.

53. Muchos de mis amigos consumen pornografía y no parecen tener ningún problema. ¿Cuál es el verdadero peligro?

En la sociedad de hoy la pornografía ya no produce vergüenza como ocurría hace algunos años, así que muchos jóvenes hablan hasta con orgullo de sus aventuras con la pornografía. Al escuchar estos "testimonios", claro que a un joven cristiano se le hace más difícil que la pornografía no le resulte todavía más atractiva.

Si aún no leíste mi respuesta a la pregunta acerca de la masturbación, te recomiendo leerla. Pero ahora también te agrego que el peligro extra de la pornografía es que no solamente genera fantasías pecaminosas, sino que esas fantasías están demasiado fuera de la realidad.

Hace algunos años tuve la oportunidad de guiar a Cristo a una chica cuya hermana era actriz pornográfica. Ella la había acompañado varias veces a los sets de grabación, y nos contaba lo poco que disfrutaban las relaciones sexuales en el set, ya que era todo actuado, y que muchas de las posiciones eran completamente incomodas y requerían todo un trabajo para realizarlas y concentrarse en lo que estaban haciendo. Claro que nada de eso se tenia que notar en la cámara, porque el secreto para quienes están detrás de la industria de la pornografía es dejar a los consumidores pendientes de más, y una de las claves es que se sientan frustrados con sus propias experiencias sexuales para que quieran más.

También quiero contarte de un líder juvenil que me relató que hacía dos meses que se había casado pero que tenia muchos problemas para disfrutar del sexo con su hermosa esposa porque había dejado entrar tanta pornografía a su mente que ahora el acto sexual con su esposa le parecía demasiado "soft".

Déjame ser claro: La pornografía genera problemas en varias dimensiones. Piensa en estas, a modo de muestra:

- Crea un mercado para la prostitución
- Le roba la ingenuidad a menores
- La industria pornográfica está llena de gente que fue abusada sexualmente y esto profundiza sus culpas y complejos
- Está probado que anima a sus consumidores a cometer abusos sexuales contra otras personas
- Perjudica a las relaciones sexuales reales
- Genera adicción
- Abre la puerta a la infidelidad

Finalmente, si eres hombre y estás luchando con la pornografía te recomiendo leer el libro "Cuando el hombre joven es tentado" de Bill Perkins y Randy Southern, o el libro "Drogas y pornografía: qué hacer" (ambos de Editorial Vida).

54. ¿Cómo sé que voy a saber qué hacer cuando me case si no pruebo el sexo antes de casarme?

El sexo es parte de nuestros instintos animales. Sí, yo sé que algunos parecemos más animales que otros... pero todos los seres humanos somos parte del reino animal, y como tales tenemos instintos que no hace falta que nos enseñen.

Llegada la noche de bodas sabrás qué hacer sin que nadie te lo explique. Lo sé porque lo he estudiado y porque lo he hablado con muchos jóvenes, pero también lo sé porque lo he vivido. Recuerdo experimentar cierto temor antes de casarme, de si iba o no a saber qué hacer. Yo me casé virgen a los 26 años y mi esposa era virgen también, así que ninguno de los dos sabía exactamente qué iba a ocurrir o cómo iban a darse nuestras primeras relaciones sexuales. Pero, ¿qué ocurrió? Exactamente lo que te estoy describiendo. Naturalmente supimos qué hacer, y disfrutamos de estar sexualmente el uno con el otro.

Claro que a los instintos animales podemos y debemos agregarles conocimiento, pero no deberías dejar que la TV o la ignorancia de otros te generen dudas sobre si sabrás qué hacer llegado el momento oportuno. Si tienes genitales de un sexo, entonces estos son compatibles con los del sexo contrario. **Todo eso de la "química" es un invento de la sociedad para justificar la frustración producida por las experiencias sexuales que están fuera de los parámetros de Dios.** La clave de las relaciones sexuales es justamente que sean con la persona correcta y en el ámbito del amor incondicional, que es justamente el matrimonio.

55. ¿Es malo estar con mi novio y pensar que quiero tener sexo con él? ¿Eso significa que él es una mala influencia para mí?

Si eres terrícola debería ser lo normal que tu novio o tu novia te atraiga sexualmente.

Hace un tiempo se me acercó un muchacho en un congreso juvenil en el que yo estaba predicando, y me pidió que orara por él para que se le fueran las tentaciones sexuales. Yo me sonreí ante el pedido y le expliqué que si yo oraba y eso le sucedía, entonces le habría arruinado un precioso regalo que Dios le había dado....

Las tentaciones sexuales provienen de un instinto sexual, que es parte de cómo Dios nos diseñó. Nuestro cuerpo tiene zonas erógenas excitables y es nuestra inclinación natural el sentirnos atraídos por otras personas. Nada de esto es pecaminoso. El desafío está en decidir hacer lo que Dios ha establecido, y por eso hay que aprender a tener control sobre las tentaciones en lugar de dejar que ellas nos controlen a nosotros.

El apóstol Pedro nos recomienda: "Precisamente por eso, esfuércense por añadir a su fe, virtud; a su virtud, entendimiento; al entendimiento, dominio propio; al dominio propio, constancia; a la constancia, devoción a Dios." (2 Pedro 1:5-6). Si sujetamos nuestras inclinaciones y tentaciones a Dios, y perseveramos en hacer lo correcto, cada vez nos saldrá más fácil el dominio propio.

Ahora bien, si la relación con tu novio o novia está siempre al borde de la tentación, entonces tienes que replantearte la relación. Establece límites claros, como no estar solos en un lugar donde nadie los pueda ver, o nunca entrar a su habitación, o no estar solos en un auto. No es que él o ella sean malos, es que si la relación los empuja al pecado entonces la relación es una mala influencia en tu vida y debes ponerle un stop. ¿Cómo? Simplemente poniendo distancia, como te expliqué. Total, si en verdad son el uno para el otro no les va a hacer nada de mal esperar ni mantenerse puros para cuando puedan estar juntos para siempre... por muuuuchos años más...

56. En mi niñez abusaron sexualmente de mí. ¿Puede ser que me sienta culpable?

Es muy común que cuando una persona fue abusada sexualmente en la niñez se sienta culpable de lo que sucedió, como si ella "se lo hubiera buscado". Pero la realidad es que nadie busca ser abusado. Lo que ocurre es que este es uno de los argumentos que habitualmente utiliza el abusador para que la víctima acepte la relación, o al menos mantenga silencio sobre lo ocurrido.

Así que lo primero que debes saber es esto: No fue tu culpa. No fue para nada y en ningún modo tu culpa. Lo que sucedió fue un gran error y un gran pecado por parte del abusador, y tú no tienes absolutamente nada que reprocharte. Tú fuiste únicamente la víctima.

De más está decir que si esta situación se ha perpetuado hasta el día de hoy, debes hablarlo en forma urgente con alguien para que detenga este abuso. Y si sucedió hace tiempo, tal vez aún puedas denunciar al abusador para que no siga lastimando a otras personas o a otros niños. Habla con algún líder adulto de tu iglesia para que puedan ayudarte. Tal vez te cueste, sobre todo si hay familiares o conocidos cercanos de la familia involucrados, pero busca uno o más adultos en quienes puedas confiar y cuéntales todo para que puedan ayudarte. Lo peor que puedes hacer es seguir esclavo del silencio. Además, te repito, si no puedes sacar fuerzas de otra parte, piensa aunque sea en aquellos otros pobres inocentes a quienes puedes salvar de sufrir lo mismo si desenmascaras al abusador.

Tu segunda tarea, aunque te parezca difícil (o imposible) es perdonar a la persona que abusó de ti. Si no tienes fuerzas para hacerlo, pídele fuerzas a Dios. Si aún sientes odio y rencor en tu corazón, esto es perfectamente normal y justificable, pero no es el plan de Dios para ti que vivas cargando con esos sentimientos. Lo único que harán es envenenarte, pero no curarán nada. Sólo el perdonar te deja libre para ser sanado por el Señor. Así que, si te cuesta hacerlo solo, pídele a algún cristiano maduro que te guíe en una oración para perdonar completamente a aquella persona que tanto te lastimó, humilló, e incluso tal vez traicionó tu confianza (¡no tienes idea de cuán grande es el porcentaje de abusos a menores que son realizados por miembros de la propia familia o amigos cercanos!). Pídele también a Jesús que sane tu mente y tu corazón de los recuerdos dolorosos del pasado, y que saque de ti todo el odio, el rencor, los deseos de venganza, la sensación de estar sucio, y todo otro sentimiento y condicionamiento que el abuso pueda haber dejado en ti.

Ahora lee lo que dice la Biblia en Isaías 61.10: "Me deleito mucho en el Señor; me regocijo en mi Dios. Porque él me vistió con ropas de salvación y me cubrió con el manto de la justicia. Soy semejante a un novio que luce su diadema, o una novia adornada con sus joyas."

Una vez más: ¡Tú eres alguien muy especial y valioso para Dios! No tienes que vivir con la culpa ni con estas cargas a cuestas, ya que Jesús llevó sobre sí nuestras cargas a la cruz. Decide hoy comenzar una nueva vida de la mano del Señor. ¡Es posible! Muchos lo han hecho antes que tú, y te aseguro que funciona. Tal vez hasta hoy sentías que todo el resto de tu vida estaba condicionado por eso que sucedió en el pasado. ¡Pero Jesús te dice hoy que no! Incluso es posible que hayas sentido temor de si podrás o no disfrutar del sexo con la persona que sea tu esposo o esposa en el futuro. Pero yo te aseguro que podrás disfrutar plenamente de tu sexualidad una vez que el Señor te haya sanado y restaurado. Eres una nueva criatura en Cristo, tu pasado está enterrado... ¡Puedes disfrutar de una vida llena de alegría y esperanza!

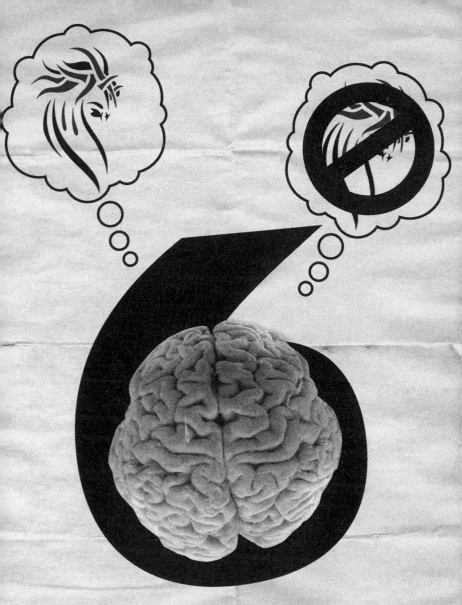

¿ESTÁ MAL ESO?

CUANTO MEJOR CONOZCAMOS CUÁLES SON LOS LÍMITES, MÁS SEGUROS ESTAREMOS DE HASTA DÓNDE PODEMOS LLEGAR. PERO MEJOR TODAVÍA QUE SABER CUÁLES SON ES SABER CUÁL ES LA RAZÓN POR LA QUE ESTÁN ALLÍ.

"...Si se mantienen fieles a mis enseñanzas, serán realmente mis discípulos; y conocerán la verdad, y la verdad los hará libres."
Juan 8.31-32

57. ¿Es realmente malo consultar los horóscopos?

Las ganas de la gente de saber acerca del futuro no son un invento de nuestra era moderna. Existen desde los tiempos bíblicos, y a lo largo de la historia las personas han intentado adivinar el futuro de diferentes formas, como leer la palma de la mano, consultar a los muertos, usar la "bola de cristal", la "bola 8", tirar las cartas, consultar los astros (en esto se basan los horóscopos), leer de los restos de café en una taza, etc., etc., etc.

Estas cosas (que, si las analizas un poco, son bastante disparatadas) son todas igual de malas a los ojos de Dios. La Biblia nos dice claramente lo que Dios opina al respecto: "Nadie entre los tuyos deberá sacrificar a su hijo o hija en el fuego; ni practicar adivinación, brujería o hechicería; ni hacer conjuros, servir de médium espiritista o consultar a los muertos. Cualquiera que practique estas costumbres se hará abominable al Señor..." (Deuteronomio 18.10-12a)

¿Agarras la onda? ¡Son tan malas para Dios que aparecen en la misma lista que sacrificar a los hijos...!

También en el Nuevo Testamento aparecen estas prácticas. Por ejemplo en Hechos 16.16-24, Pablo y Silas se encuentran con una joven que tenía un espíritu de adivinación. La Biblia nos relata que Pablo lo echó fuera en el nombre de Jesucristo, y en ese mismo momento el espíritu dejó a la joven. (También se nos cuenta que esto les trajo muchos problemas a Pablo y Silas, azotes y cárcel incluidos, ya que la joven era una esclava que ganaba mucho dinero para sus amos con "sus poderes". Lo cual te muestra que la adivinación era una práctica habitual en esas épocas.)

Conozco muchos chicos cristianos que tal vez no creen en los horóscopos pero permanecen callados o sonrientes mientras su grupo de amigos comparte el pronóstico que le toca a cada uno según su signo, de acuerdo al horóscopo del diario matutino o de alguna revista. Alguien va preguntando uno por uno: "¿De qué signo eres?", y luego le lee "lo que le depara el destino" para ese día o ese mes... En lugar de eso, ¿por qué no aprovechas esta oportunidad para compartir tu fe con tus compañeros? Una frase que me gusta mucho de una vieja canción de Carman (parte de la prehistoria de la música cristiana contemporánea) es la que decía: "Si has nacido de nuevo, tú no necesitas andar mirando a las estrellas para buscar tus respuestas. Porque puedes mirar al mismísimo Dios que creó esas estrellas."

Y una última palabra, por si es la ansiedad lo que te lleva a querer saber más sobre el futuro. Mira lo que dice la Biblia al respecto: "Depositen en (Dios) toda ansiedad, porque él cuida de ustedes." (1 Pedro 5.7)

Depositar toda tu ansiedad en Dios... ¿No te basta con eso? ¿Qué te importa lo que traerá el futuro, si tienes la certeza de que Dios lo está preparando para ti con amor?

58. En muchos países la marihuana es legal. ¿Cuál es el problema con la marihuana si es algo natural?

Hay muchos mitos en torno a este tema, mitos que son en general perpetuados por los mismos que ganan dinero comercializando estas sustancias a costa de la salud de los jóvenes.

Un gran mito es que la marihuana no puede ser mala porque viene de una planta y es 100% natural. Sería bueno notar que el Number 2 o Popó (en francés...) de las vacas es también 100% natural y no por eso te lo vas a comer. La realidad es que la marihuana es mucho más cancerígena que el tabaco, y ni siquiera su uso ocasional es inofensivo para la salud.

Otro de los principales mitos con respecto a la marihuana es el de que no hay riesgo en probarla porque no produce adicción. Muchos jóvenes se lo creen hasta que se dan cuenta de que ya no pueden vivir ni disfrutar nada sin tener a mano un poco de marihuana. Repito: La realidad es que la marihuana produce incluso mayor adicción que el tabaco.

Además de todo esto, están los que ingenuamente prueban pensando que nunca van a consumir drogas peores, más fuertes. Pero la realidad muestra que quienes consumen marihuana en algún momento se sienten tentados de probar otras sustancias, y lo hacen pensando que podrán controlar la situación... cosa que no sucede, y entonces terminan cada vez más enredados.

A propósito, me pareció gracioso cuando me enteré de la historia de un científico que condujo un experimento en el cual dejaban que algunos monos tuvieran acceso libre a la cocaína. En un principio, de a poco, el científico fue agregando cocaína a los alimentos de los monos hasta que comprobó que ya eran adictos a la sustancia. Un día el científico y sus ayudantes decidieron que ya era tiempo de que la cocaína fuera de libre acceso para los monos, así que agregaron unos tubos por los que los monos podían aspirar la cocaína. El científico esperaba una reacción exagerada pero aún así se sorprendió. Los monos, ya adictos, no aspiraron 10 veces, ni 20, ni 100... ¡Los monos aspiraron seguidamente 12.800 veces hasta que murieron de sobredosis! Primero me causó gracia, pero la verdad es que es muy triste que tantos jóvenes actúen como estos monos. Dios nos dio a los seres humanos más inteligencia. Podemos pensar, evaluar y decidir. No podemos creer en mitos sociales, por más populares que sean, sin usar nuestra cabeza para contrastarlos con los resultados. ¡Decide ser libre y no esclavo!

59. ¿Es malo tener una identidad falsa en Internet?

Te voy a responder a esta pregunta con otra: ¿para qué querrías tener una identidad falsa en Internet? O mejor dicho, ¿para qué quieren las personas en general tener identidades falsas en Internet?

La respuesta es que en general las personas quieren esconder su verdadera personalidad y aparentar ser algo que no son, por alguno de los siguientes motivos:

- para "enamorar" a posibles candidatos que buscan novio o novia por Internet, escondiendo sus defectos y exagerando (o inventando) sus virtudes.

- para parecer más "inocentes" de lo que en realidad son, y así engañar a otras personas e inducirlas a contarles cosas que de otro modo no contarían, o a hacer cosas que de otro modo no harían (por ej. personas que realizan estafas con datos de otras personas, o adultos que se meten en sitios de conversaciones entre adolescentes y entablan conversaciones con jovencitas sin decirles que son 20 años mayores que ellas)

- para hacer cosas que no quieren que otros sepan que están haciendo (por ej. engañar a su cónyuge coqueteando con otras personas, o participar en páginas de pornografía)

- y la lista podría seguir…

Lo que no se me ocurre es ningún motivo "santo" para tener una identidad falsa en Internet. Me parece que de cualquier modo que se haga es un engaño, y esto siempre está mal a los ojos de Dios.

Por supuesto, lo que sí es saludable e inteligente hacer es resguardar tus datos personales. De ninguna manera te estoy diciendo que tu apodo en las páginas de chat deba ser "Minombreestalltengocuentaentalbancoymicódigodeseguridadestalnumero", porque eso más que ser transparente sería ser tonto. Debes cuidarte muy bien de darle a otros, sobre todo a desconocidos, tu nombre completo, tu teléfono, tu dirección, tu número de documento y de tarjeta de crédito, y ese tipo de datos. ¿Y sabes por qué? ¡Precisamente porque hay personas que tienen identidades falsas en Internet con el motivo de engañar o perjudicar a otros! Así que dime tú si es bueno o malo...

60. ¿Es malo para un cristiano escuchar música secular?

Siempre han existido dos posiciones:

Una parte de los cristianos piensa que no hay nada de malo en escuchar música secular, siempre y cuando las letras no ofendan explícitamente a Dios ni te inciten explícitamente a violar sus mandamientos. Este grupo opina que en Filipenses 4.8 hay una buena orientación sobre qué música conviene escuchar:

"Por lo demás, hermanos, todo lo que es verdadero, todo lo honesto, todo lo justo, todo lo puro, todo lo amable, todo lo que es de buen nombre; si hay virtud alguna, si algo digno de alabanza, en esto pensad." (RVR95)

Basándose en este versículo, se argumenta que la música secular puede ser buena, transmitir mensajes positivos y reflexiones profundas sobre la vida, y si las letras son puras, amables, y honestas, entonces pueden disfrutarlas también los cristianos. Por supuesto que mucha de la música secular no cumple con estos estándares, y contiene violencia, o justifica la inmoralidad, y cosas por el estilo. Pero si una canción promueve, por ejemplo, la pureza y el amor verdadero dentro del matrimonio, aunque no mencione a Dios, entonces es un buen mensaje el que está siendo cantado.

Además, quienes piensan así destacan que hay muchos músicos seculares muy talentosos, y que los cristianos (sobre todo los que tocan en bandas, incluso en el grupo de alabanza y adoración de la iglesia) pueden aprender y perfeccionarse escuchando a estos músicos.

Otra parte de los cristianos opina que un creyente no debería escuchar nada de música secular porque, ya sea que resulte o no evidente por las letras, la música secular ha sido inspirada por, y consagrada a, cosas que no son Dios. Los artistas seculares muchas veces deshonran a Dios con sus palabras y con sus vidas, y esto resulta obviamente malo para cualquier creyente. Pero este sector de los creyentes advierte también que incluso aquellos músicos que no están abiertamente en contra de Dios, lo ofenden al "vivir y opinar sobre la vida como si Dios no existiera".

Yo personalmente creo que es inapropiado llamar "pecado" a escuchar música secular,   aunque sí hay que tener cuidado con las letras de la música que escuchamos y también con el estilo de vida de los artistas detrás de la música. Está comprobado que cualquier cosa que escuchemos repetidamente se quedará grabada en nuestras mentes, y tarde o temprano influirá en nuestra manera de sentir, de pensar, de hablar, y de actuar. Tal vez el versículo sobre el cual deberíamos reflexionar antes de decidir qué música escuchar es: "Todo me es lícito, pero no todo conviene; todo me es lícito, pero no todo edifica" (1 Corintios 10.26, RVR95)

61. ¿Son malos los tatuajes? ¿Qué piensa Dios de los piercings?

En realidad estas son dos preguntas que con frecuencia me hacen por separado, pero decidí juntarlas porque están muy emparentadas. ¿Son o no son malos los tatuajes? ¿Y los piercings? ¿Qué opina Dios al respecto?

Los tatuajes y los piercings existen desde hace miles de años, y han tenido diferentes significados y funciones en cada cultura. Los tatuajes en Egipto estaban relacionados con lo erótico, las mafias japonesas los utilizaban para "marcar" a sus integrantes, cristianos en Roma se marcaban para dar testimonio de que eran cristianos y se han utilizado en distintos lugares para asustar a los enemigos en el campo de batalla. En muchas culturas precolombinas los tatuajes y los piercings han estado relacionados con la estratos sociales, con diferentes religiones y en otras épocas y culturas han sido símbolos de esclavitud, e incluso en otras se han usado como símbolos de poder y distinción, como señal de luto, y en muchas tribus los tatuajes y piercings forman parte de los ritos de iniciación en la vida adulta.

En nuestra cultura actual estas prácticas comenzaron a extenderse a partir de los años '80, y hoy en día son relativamente comunes entre los jóvenes (e incluso los no tan jóvenes), que en general los usan para estar "a la moda" y ser aceptados por determinado grupo social o para destacar algo que para ellos es importante. También, parte del atractivo es el hecho de que en muchos casos sean algo "prohibido" por los mayores, y por los padres en particular.

Pero ¿Qué piensa Dios de todo esto? En la Biblia encontramos lo siguiente: "No se hagan heridas en el cuerpo por causa de los muertos, ni tatuajes en la piel. Yo soy el Señor." (Levítico 19.28) Aquí vemos que en el Antiguo Testamento Dios prohibió a su pueblo que se hicieran tatuajes en la piel o cualquier clase de herida en el cuerpo porque en ese tiempo evidentemente los hebreos estaban rodeados de pueblos paganos que de esa manera honraban a otros dioses y eso era abominación. Si prestamos atención, el problema no era el dibujo en la piel sino lo que significaba para ese contexto y lo mismo creo que debemos cuidar hoy.

¿Qué significa para tus padres? ¿Qué significa para tus pastores y para las personas que debes honrar según el criterio de Dios? Yo me animo a decirte que no creo que a Dios le genere ninguna diferencia que las mujeres usen aretes a que los usen los hombres, porque evidentemente esa es una cuestión de interpretación cultural. Ni tampoco creo que le ofenda que te hagas un dibujo en la piel a no ser que honres cosas en tu vida que le roben el primer lugar a Él. Pero sí creo que a Dios le importa mucho que no obedezcas a tus padres o que no honres a tus pastores y líderes en la iglesia. Por otra parte, si en el círculo donde te mueves los tatuajes son señal de rebeldía o de pandillas o de drogas estoy seguro de que no le van a agradar a Dios. O si los aros o aretes ponen en duda ante la gente tus inclinaciones sexuales, entonces tampoco creo que eso le agrade.

Insisto: el problema no está en el "artefacto" o en hacerse un dibujo en la piel si se hace con todos los cuidados higiénicos y profesionales necesarios (por mucho tiempo ha existido la idea de que los tatuajes eran perjudiciales para la piel, pero hoy, aunque es cierto que pueden producir reacciones alérgicas en algunas personas o puede practicarse mal la operación, está ya probado que no tienen ningún efecto que se pueda decir que sea "general"). Lo que puede ser malo o no de estas prácticas depende de lo que significan para quienes te rodean y, sobre todo, de lo que hay en tu corazón.

En muchas ocasiones se me han acercado jóvenes a hacerme estas preguntas de si es bueno o no, y luego de explicarles lo que acabo de explicarte les digo que si lo que quieren saber es mi opinión personal, a mí me parece una tontería que se hagan tatuajes. O sea: no creo que sea pecado (si se cuida lo que acabo de escribirte), pero sí creo que es tonto hacerte un dibujo en la piel que luego te vas a tener que hacer una cirugía si te lo quieres sacar...

Si hoy eres joven tienes que tener en mente que un día vas a dejar de serlo. Un día vas a ser padre o madre, y probablemente también un día seas abuelo. Si eres hombre muy probablemente pierdas el pelo, y si eres mujer muy probablemente un día tengas arrugas en esa zona del cuerpo que te quieres tatuar. ¿Quedará bien ese tatuaje ahí cuando llegues a esa etapa de la vida? ¿Y qué va a significar el hecho de que lo tengas para tus hijos y para tus nietos?

En fin, creo que como en todas las otras cuestiones referidas a lo que es bueno y lo que es malo hay que usar mucho el cerebro, y pensar también en los demás y en lo que nuestras acciones producen en la vida de otras personas.

En cierta ocasión vinieron unos fariseos enojados a Jesús reclamando que sus discípulos no se lavaban las manos según la ley hebrea. Lo que los fariseos reclamaban estaba claramente indicado en el Antiguo Testamento, pero se habían olvidado de pensar en por qué Dios les había mandado esa ley, y en lo que verdaderamente era importante para Dios. Jesús les respondió:

"Porque del corazón salen los malos pensamientos, los homicidios, los adulterios, la inmoralidad sexual, los robos, los falsos testimonios y las calumnias. Éstas son las cosas que contaminan a la persona, y no el comer sin lavarse las manos." (Mateo 15.19-20)

Recuerda que la mayoría de las veces los pecados se definen según las intenciones de tu corazón y según lo que tus acciones producen en otros. Si lo que te atrae de los tatuajes y los piercings es la rebelión o el egoísmo, entonces definitivamente serán un pecado para ti. Y si los necesitas para sentirte "especial" o aceptado, entonces también necesitas replantearte tus motivos, ya que eres especial para Dios sin eso, y tus amigos no son buenos amigos si necesitas hacer esto para que te acepten.

62. ¿No son los celos una reacción natural? ¿Por qué siempre se enseña que están mal? ¿Cómo puedo evitarlos?

Los celos son algo normal entre los seres humanos pertenecientes a "la humanidad caída", pero no creo que fueran parte del diseño divino para el hombre, y definitivamente no existían en el Jardín del Edén. ¿Por qué? Sencillamente porque son pecado, y es por esto que siempre se enseña que están mal. Tener celos es desear lo que tiene el otro, ya sean objetos materiales, atención de los demás, amor, o cualquier otra cosa.

Analicémoslo un poco más. ¿Qué se oculta detrás de los celos? Hay una canción que escribí hace muchísimos años, en la que yo le decía al Señor: "Me das tu amor, me das tu paz, y hasta lo que no me das... eso es bueno para mí." Si crees que todo lo que te da Dios, y también todo lo que no te da, es bueno para ti, entonces no hay ningún motivo para sentirte celoso de otra persona, ni para desear lo que otro tiene. O, visto del otro lado, piensa que tener celos de otro es ser desagradecido con Dios, quién te dio lo que considera mejor para ti. O es llamarlo a Dios mentiroso, porque Él dice que te da lo mejor pero tú piensas que hay otra cosa mejor. De cualquier forma es lo mismo, y es pecado.

Por otra parte, los celos también son malos porque conducen a las personas a cometer otros pecados, como robar, desearle el mal a otras personas, sentir odio, desear venganza, y muchos más, incluyendo el asesinato (puedes leer casos de estos tanto en la Biblia como en los periódicos de hoy en día). Además, los celos traen amargura al corazón y arruinan tus relaciones con los demás.

Entonces, hablemos cómo evitar los celos. Mira lo que escribió el apóstol Pablo a los miembros de la iglesia de Corinto:

"Yo, hermanos, no pude dirigirme a ustedes como a espirituales sino como a inmaduros, apenas niños en Cristo... pues aún son inmaduros. Mientras haya entre ustedes celos y contiendas, ¿no serán inmaduros? ¿Acaso no se están comportando según criterios meramente humanos?" (1 Corintios 3.1-3)

Así que, si el tener celos es ser inmaduro espiritualmente, ¡entonces la solución es madurar! Pero, ¿madurar en qué sentido? En el sentido de crecer en el conocimiento y el amor de Dios.

Concéntrate en la verdad de que lo que tú tienes es exactamente lo que Dios considera mejor para ti, y esto hará que no sientas celos de los demás. Sé agradecido con tu Padre celestial y disfruta de las bendiciones que Él te dio, sin mirar a los costados a ver qué tienen otros. ¡Y verás que así disfrutas más la vida!

63. ¿Cuán mala es la ambición?

La Real Academia Española (www.rae.es) (sí, es un diccionario, se puede consultar para tus tareas escolares, y ya lo probé y no muerde) define la ambición como el "deseo ardiente de conseguir poder, riquezas, dignidades o fama". Ahora déjame compartirte algunos versículos sobre el tema, y veamos si podemos descubrir juntos cuán mala es la ambición.

El autor de Eclesiastés escribió: "Quien ama el dinero, de dinero no se sacia. Quien ama las riquezas nunca tiene suficiente..." (Eclesiastés 5.10) Y lo mismo ocurre con la fama y el poder. Nunca parecen suficientes. ¿Puedes pensar ejemplos actuales para esta verdad? ¡Seguro que puedes! Empresarios que trabajan día y noche para ganar más y más dinero, hasta que les sorprende una úlcera en el estómago o un ataque al corazón, y ya ni siquiera tienen familia que les haga compañía junto a la cama del hospital porque la descuidaron en su afán por conseguir más riquezas. Estrellas de cine o del ambiente musical que se suicidan porque el dinero y la fama no consiguen llenar sus vidas ni darles felicidad. Políticos que hacen cualquier cosa por llegar al poder, o por mantenerse allí. Y la lista podría seguir...

Jesús dijo a la gente: "¡No vivan siempre deseando tener más y más! No por ser dueños de muchas cosas se vive una vida larga y feliz" (Lucas 12.15, TLA), y luego de contó la parábola del rico insensato (aquel que estaba muy preocupado por dónde acumular sus tesoros, sin saber que esa misma noche iba a morir). En seguida detrás de esta parábola continuó hablando acerca de los pájaros que, aunque no siembran, siempre tienen alimento, y de las flores, que siempre tienen vestido, para explicarles a sus seguidores que no se preocupen por qué van a comer o qué van a vestir, sino que "...acumulen un tesoro inagotable en el cielo, donde no hay ladrón que aceche ni polilla que destruya. Pues donde tengan ustedes su tesoro, allí estará también su corazón." (Lucas 12.33-34).

También se nos advierte que "...todos los males comienzan cuando sólo se piensa en el dinero. Por el deseo de amontonarlo, muchos se olvidaron de obedecer a Dios, y acabaron por tener muchos problemas y sufrimientos." (1 Timoteo 6.10, TLA)

Y además dijo Jesús: "Nadie puede servir a dos señores, pues menospreciará a uno y amará al otro, o querrá mucho a uno y despreciará al otro. No se puede servir a la vez a Dios y a las riquezas." (Mateo 6.24)

Así que, como ves, en la Biblia sobran advertencias sobre lo malo que es ser ambicioso... Pero a no confundirse: Lo que sí es bueno es ser diligente y trabajador (que es lo opuesto a ser perezoso y holgazán). La Biblia está llena de referencias sobre lo malo que es ser perezoso, y también nos dice que todo lo que hagamos debemos hacerlo apuntando a la excelencia, como para el Señor (no sólo como lo haríamos para nuestros jefes humanos). Pero si lo que te motiva es el amor al dinero, la fama, o el poder, esto está mal, como también es incorrecto moverte por el miedo al futuro, o el miedo a no tener (o cualquier miedo, que en general es malo).

Confía en el Señor como tu proveedor. ¡Verás que no te faltará nada!

64. ¿Cuál es el problema con Halloween?

Halloween surgió de una festividad céltica que se celebraba en la antigüedad, llamada Samhain. Los celtas, que vivieron hace 2.000 años en lo que es ahora Irlanda, el Reino Unido, y parte de Francia, celebraban su año nuevo el 1 de noviembre. Este día marcaba el fin del verano y de la cosecha, y el principio de la oscuridad y el invierno frío. Luego, en determinado momento, la Iglesia Católica estableció el día 1 de noviembre como "El día de todos los Santos", como intento por reemplazar las viejas costumbres paganas de los celtas (pero sin anularlas del todo). La palabra Halloween deriva de la expresión en inglés All Hallow's Eve (es decir, la Víspera del Día de los Santos, que viene a ser el 31 de octubre). Durante los tiempos de Constantino, estos dos días festivos (el eclesiástico y el pagano) se mezclaron deliberadamente y a conciencia, para "tratar de cristianizar" el día pagano. Pero fue un gran error, porque no solo la Iglesia no logró cristianizar a los paganos, sino que sucedió todo lo contrario... los paganos influyeron grandemente sobre el día eclesiástico.

Los celtas eran politeístas, y también reverenciaban elementos de la naturaleza, como el sol, la luna, las estrellas, ciertos árboles, los lagos, el fuego, etc. Los Druidas, que eran los sacerdotes de las sociedades célticas antiguas, creían que en la fiesta de Samhain la frontera entre los vivos y los muertos era perforada, dejando libres a los demonios, las brujas, y los duendes para perseguir y acosar a los vivos, dañar las cosechas y causar todo tipo de problemas. Ellos enseñaban que para hacerse inmune a sus ataques, la gente debía disfrazarse como brujas, diablos, o personas macabras, y así procurar ahuyentar (o desviar) a los espíritus malos. También debían tallar caras grotescas en calabazas e iluminarlas con velas, y luego colocarlas en las ventanas de las casas para que los espíritus las vieran y no se acercaran. En estas celebraciones se llevaban a cabo, además, otras actividades como adivinación, predicciones sobre el futuro, invocación de hadas, brujería, y encantamiento. También los Druidas encendían inmensas fogatas sagradas en las que se quemaban cosechas y animales (y se cuenta que también personas) como sacrificios a las deidades.

También se les decía a las personas que los demonios visitarían sus casas, y que si no los complacían dándoles algo, ellos les harían cosas malas. Parte del propósito de todo esto era atormentar y asustar a las personas que vivían en el campo para que así los Druidas pudieran demandarles contribuciones de comida. (¿Te suena? "Trick or treat" quiere decir "dame algo delicioso de comer o te hago un truco o encantamiento")

Entonces, ¿es hoy la fiesta de Halloween una tradición inocente? No lo creo. Por un lado, hay demasiadas similitudes entre lo que se hace hoy y su origen pagano. Y por el otro, al fin y al cabo estamos celebrando la muerte, y nosotros tenemos al Dios de Vida.

Claro que podrías preguntarme: ¿Y qué hay si yo no creo en nada de todo eso, y no hago nada "satánico", sino que simplemente me disfrazo ese día para divertirme con mis amigos? Yo te recomendaría manejar eso con mucho cuidado y cuidar que no quepa la más mínima posibilidad de que alguien piense que estás celebrando lo mismo que Halloween.

Tal vez puedas organizar una alternativa junto a tu grupo de jóvenes de la iglesia. Obviamente el problema no son los disfraces (aunque si se disfrazan, tengan cuidado con qué es lo que destacan, ya que por ejemplo los disfraces sensuales o los horrorosos no creo que sean apropiados para que sean una "alternativa"). Pero sea como sea, dejes pasar la aparente "inocencia" de esta fiesta y utilízala para destacar lo contrario de lo que el mundo celebra.

La Biblia nos da un consejo claro que puede aplicarse al caso de Halloween:

"Que nadie los engañe con argumentaciones vanas, porque por esto viene el castigo de Dios sobre los que viven en la desobediencia. Así que no se hagan cómplices de ellos. Porque ustedes antes eran oscuridad, pero ahora son luz en el Señor. Vivan como hijos de luz (el fruto de la luz consiste en toda bondad, justicia y verdad) y comprueben lo que agrada al Señor. No tengan nada que ver con las obras infructuosas de la oscuridad, sino más bien denúncienlas, porque da vergüenza aun mencionar lo que los desobedientes hacen en secreto." (Efesios 5.6-12)

65. ¿Es malo bailar?

Definitivamente no. Lo peligroso suele ser dónde, cómo, y para qué se hace. El baile, al fin al cabo, es una respuesta natural de nuestro cuerpo al ritmo de la música (por eso se te mueve el pie cuando hay una música que te gusta). Haz la prueba con niños bien pequeños. Pones música y comienzan a bailar. ¿Por qué? Evidentemente no es porque la sociedad sensual los quiere llevar a las drogas... Fue Dios el que nos dio el regalo del ritmo. Te invito a mover las neuronas respecto a cuál es entonces el problema:

¿Dónde? ¿Cómo son los lugares a donde suelen ir a bailar los adolescentes y jóvenes? Una cosa es bailar en un juego, en un campamento cristiano. Pero otra cosa son los lugares a los que va la juventud a bailar los viernes y sábados por la noche. Si son lugares oscuros, y en los que abunda el alcohol, la tentación sexual, y las drogas, no creo que sean el lugar más conveniente para un hijo de Dios. No es que te vayan a obligar a pecar, es cierto, pero a la tentación hay que huirle...

¿Cómo y para qué? Bailar de manera sensual para seducir a otros es motivarlos a pecar. ¿Nunca lo viste así? Quizás porque eres mujer, pero si eres hombres sabes muy bien de qué hablo. O bailar con movimientos graciosos para llamar la atención. O bailar aunque no te guste para que no se burlen de ti por "aburrido". O ir a bailar para "encontrar pareja". ¿Cuáles de estas opciones son apropiadas para un chico o una chica cristianos?

También deberíamos analizar la música con la cual se baila (busca la pregunta 60). En este punto podríamos preguntarnos si es bueno (aunque sea en una fiesta de 15 años o en un casamiento que se celebren en salón de la iglesia, en los que todos sean cristianos y nadie esté bailando para seducir, sino sólo para divertirse) que todos bailen haciendo un tren y cantando al son de letras que deshonren a Dios...

Es importante recordar lo qué nos dice la Biblia sobre nuestros cuerpos:

"¿Acaso no saben que su cuerpo es templo del Espíritu Santo, quien está en ustedes y al que han recibido de parte de Dios? Ustedes no son sus propios dueños; fueron comprados por un precio. Por tanto, honren con su cuerpo a Dios." (1 Corintios 6.19-20)

Por eso la pregunta vital que debe hacerse un joven cristiano inteligente es: ¿Cuáles lugares y cuáles formas de bailar cumplirían con la condición de darle honra a Dios con nuestros cuerpos?

Finalmente, aunque es necesario distinguir entre lo bueno y lo malo, también debemos saber que dentro de lo bueno hay cosas mejores que otras. A esto es a lo que se refiere la Biblia cuando dice: "Todo me es lícito, pero no todo conviene; todo me es lícito, pero no todo edifica" (1 Corintios 10.23). Es decir, aún dentro de las cosas que son lícitas (permitidas), no todo es provechoso, no todo es constructivo.

Pienso que como cristianos no debemos aspirar a lo bueno sino a lo mejor. Pídele a Dios sabiduría para distinguir qué es lo mejor en cada caso.

66. ¿Cuán malo es no diezmar? Y, ¿está mal probar a Dios con el diezmo?

Diezmar es una disciplina que Dios instituyó con varios propósitos: El primero era cubrir los gastos administrativos para garantizar la adoración y educación en su pueblo. De esta manera, los sacerdotes se ocupaban de sus tareas espirituales, y los gastos del templo eran cómodamente cubiertos con el 10% de lo que producía el resto del pueblo. Segundo, es evidente que Dios quería enseñar al pueblo a ser generosos, sobre todo con los que menos tenían, y recordarles que todo lo que tenían era provisión de Él. Y tercero, una de las cosas que menos se mencionan al respecto, el diezmo sirve para que nuestro corazón nunca esté centrado en lo que recibimos, sino en el Dador. Dios es el creador de todo lo que existe. Él es el dueño de todo. Todo lo que tenemos y todo lo que recibimos viene de Dios. Y la Biblia dice: "Porque donde esté tu tesoro, allí estará también tu corazón." (Mateo 6.21)

Siempre que puedo enseño que hay 3 clases de sistemas económicos. Por un lado está el capitalismo, que dice que todo es del propietario. Por otro lado está el comunismo, que dice que todo es de todos (aunque tiene que haber un administrador que termina siendo el Estado). Y tercero está el cristianismo, que dice que todo es de Cristo.

Algunos sostienen que el diezmo era sólo para los tiempos del Antiguo Testamento, pero el mismo Jesús reivindicó el diezmo, diciendo:

"¡Ay de ustedes, maestros de la ley y fariseos, hipócritas! Dan la décima parte de sus especias: la menta, el anís y el comino. Pero han descuidado los asuntos más importantes de la ley, tales como la justicia, la misericordia y la fidelidad. Debían haber practicado esto sin descuidar aquello" (Mateo 23.23)

Por todo esto, déjame decirte que si no diezmas te estas perdiendo una gran disciplina que te va a ayudar a crecer en tu interior, y te estas perdiendo de bendecir a otros al no compartir lo que Dios te ha dado con la iglesia de Cristo y ayudar a cubrir los gastos naturales que cualquier congregación tiene.

Ahora déjame compartirte algunas idas simples sobre el diezmo que es bueno que todos tengamos claras. Por empezar, diezmo no es lo mismo que ofrenda. El diezmo es un compromiso. Las ofrendas son voluntarias. El diezmo es el 10% de todas nuestras ganancias. Las ofrendas pueden ser de cualquier monto que el Espíritu nos muestre. El diezmo se pone en la iglesia. Las ofrendas podemos ponerlas en la iglesia o en un ministerio o persona en especial.

Por otra parte, no es correcto gastar y gastar todo el mes y después poner el diezmo "si sobra algo". Así nunca va a sobrar nada. El diezmo hay que separarlo ni bien cobramos, primero que todo. Financieramente es imposible de explicar o de comprender, pero cuando diezmamos Dios interviene a favor de nuestra economía, y rinden más 900 con la bendición de Dios que 1000 en desobediencia.

Finalmente, el diezmo nos presenta un desafío interesante. Lee lo que Dios promete:

"Traigan íntegro el diezmo para los fondos del templo, y así habrá alimento en mi casa. Pruébenme en esto —dice el Señor Todopoderoso—, y vean si no abro las compuertas del cielo y derramo sobre ustedes bendición hasta que sobreabunde." (Malaquías 3.10)

En otras partes de la Biblia, Dios nos pide que *confiemos en Él*, pero esta es la única vez en tooooooda la Biblia donde el Señor nos reta a que *lo pongamos a prueba.* ¿Y leíste como sigue el versículo? El Señor promete que si le damos el diezmo, no sólo nunca nos faltará nada, sino que nos va a sobreabundar. Es decir, ¡nos va a abundar tanto que incluso nos va a sobrar! Así que, ¡anímate a probarlo! Sólo permite que Él sea el Señor de todo lo que te da, y que el diezmo o la ofrenda no sean una extorsión para que te dé lo que tú crees que es mejor, sino lo que Él quiera darte.

67. ¿Por qué algunos cristianos toman vino sin problemas y otros dicen que es pecado? ¿Qué debo hacer yo?

En algunos círculos cristianos el vino es visto como si fuera "la bebida del diablo", y en otros es simplemente una bebida más para acompañar las comidas. ¿Por qué esa diferencia?

Comencemos con aquello en lo que sí están de acuerdo todos los círculos cristianos: emborracharse es algo claramente malo. El apóstol Pablo nos advierte: "No se emborrachen con vino, que lleva al desenfreno. Al contrario, sean llenos del Espíritu." (Efesios 5.18) Y no sólo lo dice la Biblia. En la práctica es muy fácil darnos cuenta de que el exceso de alcohol es algo que entorpece los sentidos y descontrola la voluntad, y por ende no puede agradar a Dios, que nos llama a no ser esclavos de nada: "...ustedes han sido llamados a ser libres..." (Gálatas 5.13)

Claro que esto no soluciona la cuestión de por qué unos no tienen problema en tomar un poco de vino, y otros no se animarían ni a probarlo. Así que veamos esta situación desde tres aspectos distintos:

Desde un panorama bíblico: Los que no tienen problema en tomar vino se basan en que la Biblia no dice nunca que el vino sea algo malo, e incluso el mismo Jesús lo aprobó al convertir el agua en vino en una boda, y al escoger una copa de vino como símbolo de su sangre para que recordemos su sacrificio en la cruz. Por otro lado, algunos de los que lo prohíben argumentan que cuando la Biblia menciona "el fruto de la vid" no necesariamente está hablando de vino sino de jugo de uva. Pero digo "algunos" porque no todos los que lo prohíben dicen eso. Otros sostienen que el vicio puede empezar con tomar una copa, entonces mejor ni probarlo. Y otros consideran que si el vino le es ocasión de caer a algunos, entonces es mejor prohibirlo para todos.

Desde un panorama sociológico: La Iglesia siempre ha reaccionado ante los problemas en la sociedad que la rodea, limitando el uso de aquellas cosas de las cuales la sociedad abusa. Es decir, si en el ámbito en que se encuentra una iglesia hay muchos problemas de alcoholismo, entonces parece sensato marcar una diferencia e ir a lo seguro. Incluso en muchas iglesias se reemplaza el vino de la Santa Cena por jugo de uva por si entre los presentes hubiera un alcohólico recuperado (recuerda que se supone que ellos no prueben ni una gota de alcohol, para que no les vuelva el deseo de tomar).

Desde un panorama medico: Debes saber que el alcohol en moderación no hace mal al cuerpo (incluso resulta beneficioso para la salud) ni produce adicción (y esto lo diferencia sustancialmente del tabaco y de las drogas). Por ejemplo, los médicos dicen que tomar una copa de vino por día con la comida ayuda a la digestión y a la circulación (por supuesto, no los niños, ni las embarazadas).

¿Cuál es mi opinión personal? Yo disfruto mucho al beber un poco de vino cuando me como una buena carne asada de mi tierra. Y entiendo que la Biblia no prohíbe en ningún sitio el uso del vino con moderación. Lo que sí prohíbe es su abuso y la borrachera. (Y esto tiene sentido porque aunque el vino no es malo, sí lo es el tomar en exceso y como un vicio. Es algo parecido a la diferencia entre las riquezas y el amor a las riquezas.) Por lo tanto, pienso que un cristiano no hace mal si toma vino con moderación en las comidas, o en una fiesta, aunque respeto las otras opiniones.

Por otra parte, sí estoy de acuerdo en que hay que cuidarse de no ser piedra de tropiezo para otros hermanos. Esto se aplica tanto a la Santa Cena, como a las relaciones interpersonales. Es decir, si invito a mi casa a una familia que entiende que es mejor no tomar vino, no voy a ofrecerles vino con la cena, y si voy a la casa de alguien que toma, posiblemente tome una copa con ellos.

68. ¿Es o no es pecado comer morcilla y otros alimentos elaborados a base de sangre?

Hay distintas opiniones:
Por un lado, el comer alimentos elaborados a base de sangre está condenado en versículos del Antiguo y Nuevo testamento. Mira estos tres:

"Todo lo que se mueve y tiene vida, al igual que las verduras, les servirá de alimento. Yo les doy todo esto. Pero no deberán comer carne con su vida, es decir, con su sangre." (Génesis 9.3-4)

"Cuando un israelita o algún extranjero que viva entre ustedes cace algún animal o ave que sea lícito comer, le extraerá la sangre y la cubrirá con tierra, pues la vida de toda criatura está en su sangre. Por eso les he dicho: No coman la sangre de ninguna criatura, porque la vida de toda criatura está en la sangre; cualquiera que la coma será eliminado." (Levítico 17.13-14)

"Nos pareció bien al Espíritu Santo y a nosotros no imponerles a ustedes ninguna carga aparte de los siguientes requisitos: abstenerse de lo sacrificado a los ídolos, de sangre, de la carne de animales estrangulados y de la inmoralidad sexual. Bien harán ustedes si evitan estas cosas..." (Hechos 15.28-29)

Por otro lado, encontramos que muchas veces en el Nuevo Testamento se nos dice que el decidir sobre lo que comemos y bebemos es una cuestión de conciencia:

"Coman de todo lo que se vende en la carnicería, sin preguntar nada por motivos de conciencia, porque «del Señor es la tierra y todo cuanto hay en ella». Si algún incrédulo los invita a comer, y ustedes aceptan la invitación, coman de todo lo que les sirvan sin preguntar nada por motivos de conciencia. Ahora bien, si alguien les dice: «Esto ha sido ofrecido en sacrificio a los ídolos», entonces no lo coman, por consideración al que se lo mencionó, y por motivos de conciencia. (Me refiero a la conciencia del otro, no a la de ustedes.) ¿Por qué se ha de juzgar mi libertad de acuerdo con la conciencia ajena? Si con gratitud participo de la comida, ¿me van a condenar por comer algo por lo cual doy gracias a Dios? En conclusión, ya sea que coman o beban o hagan cualquier otra cosa, háganlo todo para la gloria de Dios. No hagan tropezar a nadie, ni a judíos, ni a gentiles ni a la iglesia de Dios. Hagan como yo, que procuro agradar a todos en todo. No busco mis propios intereses sino los de los demás, para que sean salvos." (1 Corintios 10.25-33)

También Jesús nos advirtió sobre qué es lo que verdaderamente contamina al hombre (y no es la comida). Fíjate: "¿No se dan cuenta de que todo lo que entra en la boca va al estómago y después se echa en la letrina? Pero lo que sale de la boca viene del corazón y contamina a la persona. Porque del corazón salen los malos pensamientos, los homicidios, los adulterios, la inmoralidad sexual, los robos, los falsos testimonios y las calumnias. Éstas son las cosas que contaminan a la persona..." (Mateo 15.17-20)

Y, lo que es muy importante, la Biblia nos dice que además hay que tener en cuenta a quién se ofende en cada caso:

"Pero lo que comemos no nos acerca a Dios; no somos mejores por comer ni peores por no comer. Sin embargo, tengan cuidado de que su libertad no se convierta en motivo de tropiezo para los débiles." (1 Corintios 8.8-9)

A mí personalmente me gusta mucho este último versículo. Por lo tanto, esta es una cuestión parecida a la de la pregunta sobre el vino. Pienso que lo mejor es que en este tema cada uno decida que hacer, y que cada uno respete las decisiones de los demás sin juzgarlas. Pero sobre todo creo que debemos tener cuidado de no ofender por descorteses y de no ser piedra de tropiezo para otros.

69. ¿Son malos los medios masivos de comunicación?

Hoy nada parece ser importante si no es transmitido desde los medios, y en consecuencia los medios se convierten en los jueces que valoran y definen la realidad creando dos mitos que es importante desterrar de nuestras mentes:

Uno: Si algo importante ha ocurrido, se escuchará de ello en los medios.

Dos: Si no se vio en televisión, no se escuchó en las radios, y no se leyó en los diarios, entonces no es suficientemente importante.

Los medios no solo seleccionan y alteran a veces los sucesos que transmiten, sino que logran confundir lo real con lo imaginario. Prendemos el televisor y no sabemos si lo que estamos viendo es una película de acción o una guerra en medio oriente en este mismo momento y se está transmitiendo en tiempo real vía satélite. No sabemos si es una novela con personajes de ficción, o una pelea entre vecinas que está siendo filmada por un canal sensacionalista. ¿Y qué de Internet? La mega red y permite cualquier tipo de interacción, y todo desde el aislamiento de una computadora portátil o incluso desde un teléfono.

Los medios de comunicación son por lo menos cómplices de por lo menos tres cambios importantes que han ocurrido en las últimas décadas:

Absoluto por relativo: Los generadores de opinión en los medios mezclaron lo bueno con lo malo, creando una infinita gama de grises. Conductas que antes eran inadmisibles hoy son una posibilidad más de entre tantas. En el terreno religioso, por ejemplo, la cultura popular latinoamericana decía que o eras católico o estabas perdido. Hoy los jóvenes dicen que hay muchos caminos y que todas las religiones son igual de validas. Los valores no son absolutos, sino relativos a las circunstancias y la conveniencia de cada uno. Abres Internet y puedes ver la más actualizada información o la peor basura pornográfica. Lo mismo ocurre en todos los niveles. Tienes la opción. Algunos hablan de "tolerancia" y de que así es una sociedad más justa. Otros ponen el grito en el cielo. Un ejemplo es el tema de la homosexualidad. Años atrás, nadie que no fuera homosexual hubiera afirmado que dicha orientación sea "una opción". Hoy los medios disparan ideas sobre que simplemente es una alternativa que algunos eligen y hay que respetar. Si te hace sentir bien, hazlo es el mensaje que nos predican todos los días.

Productividad por placer: Nuestros abuelos tenían una especial fascinación con el trabajo. En especial para los hombres, su trabajo era todo. Había que avanzar, y había que hacer. Hoy la publicidad nos llevó al extremo de quedar culturalmente embobados con cosas que prometen producirnos instantáneamente esos tesoros por los que nuestros abuelos luchaban. Es increíble lo que las publicidades tratan de hacernos creer: "Si tienes una tarjeta de crédito, el mundo está en tus manos. Si tienes una Pepsi, serás aceptado por los de tu generación. Si tomas la cerveza correcta unos ojos azules quedarán mirando a los tuyos." Nunca en la historia han existido tantas formas de entretenimiento, tantos lujos, tantos productos, ni tanta ropa. La industria del placer es un gigante que crece y se mantiene gracias a la ayuda de los medios masivos de comunicación. La vida será cada vez más cómoda y este cambio ira formando nuestra manera de pensar. Si puedes obtener placer sin esfuerzo, para tus amigos serás genial.

Familia definida por sexualidad abierta: Aún las mentes más liberales aceptan que los medios han expuesto, a través de las películas y las novelas, a familias mucho más liberales de las que verdaderamente existen o al menos existían años atrás. Además del ejemplo de la homosexualidad que ya mencioné antes, el divorcio comenzó a ser mucho más común entre las estrellas que entre la gente normal y luego de allí eso se "transmitió" a toda la sociedad y un tercio de los niños de Estados Unidos se irán a la cama hoy sin un padre en la otra habitación. En Argentina, la hermana menor de mi esposa era la única de su clase con una familia con papá y mamá en casa. Ocho de cada diez de los jóvenes del ministerio entre latinos que pastoreaba en California tenían uno de sus padres ausentes, y sean cuales sean las causas de cada ruptura familiar, creo que los medios han tenido bastante que ver con esta nueva realidad cultural.

Los medios son medios, así que no puedo decirte que sean en esencia malos, pero es obvio que en su gran mayoría se mueven por intereses materialistas que tienen que ver con el dinero que requieren, y por eso no es necesariamente informarte o hacerte bien lo que tienen en mente sino vender un producto y que te quedes atento a ellos. Por eso debemos ser inteligentes y siempre intentar descifrar qué quieren decirnos encubiertamente los medios de comunicación. Debemos recordar que pueden ser muy peligrosos para nosotros por los mensajes que transmiten (y transmiten... y transmiten...), por el tiempo de nuestras vidas que ocupan, y también por todas aquellas cosas que no transmiten (porque crean la ilusión de que esas cosas no existen). Sé inteligente y estate alerta, para no caer en engaños que te van a perjudicar.

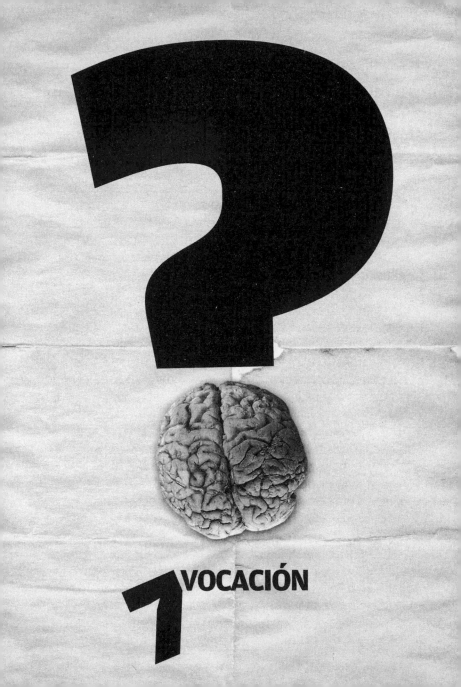

VOCACIÓN

UNA DE LAS PREGUNTAS DEL TOP 10 DE TODO JOVEN ES: ¿Y QUÉ VOY A HACER CON MI VIDA LUEGO DE LA ESCUELA SECUNDARIA? LA VOCACIÓN ES UNA CUESTIÓN SUMAMENTE IMPORTANTE, Y LA BUENA NOTICIA ES QUE DIOS ESTÁ DE TU LADO PARA AYUDARTE A DECIDIR QUÉ HACER CON TU VIDA.

"Si vivimos, para el Señor vivimos; y si morimos, para el Señor morimos. Así pues, sea que vivamos o que muramos, del Señor somos."

Romanos 14.8

70. ¿Cómo saber cuál es la voluntad de Dios para mi vida?

Según la Biblia hay tres maneras fundamentales de conocer la voluntad de Dios:

La primera es la misma Biblia: "Tu palabra es una lámpara a mis pies; es una luz en mi sendero." (Salmos 119.105). Si bien no todo lo que concierne a nuestra vida lo podemos encontrar específicamente en la Biblia, en ella hay principios que nos ayudan a saber lo que Dios piensa en cada circunstancia. Además, **es bueno tener en claro que Dios nunca se contradice a sí mismo,** por lo que su voluntad actual es exactamente la misma que fue siempre.

La segunda es la oración: "Si mi pueblo, que lleva mi nombre, se humilla y ora, y me busca y abandona su mala conducta, yo lo escucharé desde el cielo, perdonaré su pecado y restauraré su tierra." (2 Crónicas 7.14). En la oración podemos tener un panorama de la situación vista desde arriba. Nos acercamos al corazón de Dios.

Se cuenta que cuando un estudiante de doctorado en Princeton preguntó: "¿Qué queda en el mundo para que podamos basar en ello una tesis original?", Albert Einstein respondió: "Investiga acerca de la oración. Hay algo increíble allí que todavía no sabemos." Y es que en la oración genuina y profunda se nos revela el corazón de Dios.

La tercera es buscando el consejo de personas cristianas sabias: "Donde no hay dirección sabia, caerá el pueblo; Mas en la multitud de consejeros hay seguridad." (Proverbios

11.14). Consulta a tus pastores. Escúchalos. Acércate a tus líderes de jóvenes. Escucha a tus padres y discute los temas importantes con tus amigos. No te quedes con una sola opinión, sino sé dócil en buscar consejo de muchos.

71. ¿Cómo puedo saber cuál es mi llamado?

Partiendo de la respuesta a la pregunta anterior ya tienes una buena plataforma para encontrar también respuesta a esta pregunta. Pero yo sé: Esta es una cuestión demasiado importante y que provoca una ansiedad que no es como otras.

Reconocer tu llamado es una misión fundamental, y la gran noticia que tengo para darte es que Dios tiene uno especial para ti que comienza con lo que ya ha revelado en su palabra. Sí. A veces me encuentro con jóvenes que quieren saber la voluntad específica de Dios para sus vidas sin comenzar a hacer antes aquellas cosas que tenemos bien en claro que Dios demanda de nosotros.

El punto es que debemos comenzar por lo general, por la Biblia, la oración, y las experiencias y el consejo de otros (¿te suena haber leído esto?), para luego ir encontrando señales de lo que Dios quiere específicamente para nuestra vida.

También te servirá el estar atento a estas dos cosas: 1) ¿Qué necesidades te conmueven?, y 2) ¿Qué cosas te apasiona hacer? Los llamados de Dios siempre han tenido que ver con necesidades de la humanidad y de la creación que conmueven el corazón de Dios y también conmueven el de ciertas personas. Por eso un excelente ejercicio para comenzar a distinguir tu llamado es descubrir necesidades. Busca a tu alrededor. ¿Qué necesita la gente con la que te rodeas? ¿Qué necesita la gente de tu país? ¿Qué necesitan otros jóvenes de tu edad? ¿Qué necesita el ser humano en general? Al ir identificando las distintas necesidades te darás cuenta de que unas te conmueven más que otras, y esto tiene que ver con lo que Dios te diseñó para hacer. Luego piensa en lo que te gusta hacer, ya que es un detalle no menos importante. Tu vocación (sí, me adelanté de pregunta) y tu llamado tienen que ver con tus sueños e inclinaciones naturales, los cuales Dios en su sabiduría tuvo en cuenta el diseñarte. Quizás te sorprenda que te diga esto porque en algunos círculos siempre se ha dado a entender que Dios nos llama precisamente a lo que no nos gusta hacer para enseñarnos obediencia. Es cierto que así es como algunos han descubierto su llamado también, pero **cuidado con creer que Dios es un bromista cósmico que te diseña para una cosa y luego te llama a hacer otra**... Seguro que te tocará obedecer y arriesgarte y ser audaz para abrazar tu llamado, y también tendrás que ser muy sensible a que Dios te hable de diversas maneras, pero todos podemos estar seguros que la voluntad de Dios siempre termina siendo buena, agradable y perfecta (Romanos 12.2).

72. ¿Cuál es la mejor manera de distinguir mi vocación?

Mira tus manos unos segundos. ¿Qué tienes ahí diferente a otros? No, no me refiero a la mugre del día ni a si te has cortado o no las uñas últimamente. Me refiero a que tienes unas huellas digitales que NADIE más en el mundo tiene. Yes! **Hay millones de seres humanos en este planeta y nadie,**

absolutamente nadie, tiene tus mismas huellas digitales.
¿Te sientes especial? ¡Lo eres!

Por eso tu vocación es tan importante. No se trata solamente de saber de qué vas a vivir o trabajar, o qué carreara te gustará más o será más fácil. Desde la perspectiva cristiana, tu vocación tiene que ver con tu llamado. Dios te hizo para que dejes una marca en este mundo que nadie más puede dejar. Para eso es que debes encontrar tu vocación. De nuevo tengo que recomendarte que comiences leyendo la respuesta a la pregunta anterior antes de avanzar.

...¿Listo? Vamos.

Dos herramientas prácticas que se pueden usar para definir tu vocación son la experiencia y los tests vocacionales. La experiencia la puedes obtener, antes de involucrarte en una carrera o profesión, haciendo algo similar a lo que quieres estudiar o relacionándote con gente que hace exactamente eso que quieres estudiar. Por ejemplo, si quieres estudiar abogacía y nadie en tu familia es abogado, búscate alguno en la iglesia y pídele compartir un rato de su trabajo... Ejem, ¿te suena medio complicado eso? Bueno, pensé que estábamos hablando de algo importante. Es tú vocación y no la mía, y esta es una cuestión demasiado importante como para que no hagas las tareas que te sugiero.

Sigo con los ejemplos. Si quieres ser medico, ayuda a médicos en algún centro de atención o en alguna misión cristiana. Si quieres tener tu propia empresa, pasa tiempo haciéndole preguntas a algún empresario.

Yo siempre les recomiendo a los líderes de jóvenes que traigan gente para que hable de su profesión al grupo de jóvenes, y que compartan cómo se puede servir al Señor haciendo eso. Pero si tu grupo de jóvenes no lo hace (recomiéndale a tu líder de jóvenes que lea mi libro "El Ministerio Juvenil Efectivo", de Editorial Vida), toma entonces tú la iniciativa de experimentar lo más que puedas de esa profesión antes de meterte en la carrera (y no dudes en aprovechar algunas experiencias introductorias que ofrecen ciertas universidades).

Luego están los tests. Gracias a Dios, los campos de la psicología y de la pedagogía han avanzado muchísimo en los últimos años, y hoy hay más y más herramientas para que puedas conocer tu temperamento, tu carácter y tus inclinaciones personales. Un material excelente es "¿Y qué voy a hacer con mi vida?", de Diane Lindsey Reeves, Especialidades Juveniles, Editorial Vida. Y también te puede ayudar muchísimo el libro: "Por favor, comprendeme" de David Keirsey (hay diferentes ediciones según los distintos países).

73. ¿Es más espiritual servir en la iglesia que tener un trabajo secular?

Definitivamente no. Esta creencia tan difundida es errónea, porque parte de un entendimiento equivocado de lo que significa ser "espirituales".

Somos más espirituales en la medida en que más permitimos que el Espíritu Santo guíe nuestros pensamientos y nuestras acciones. Dios necesita hijos suyos sirviendo en la iglesia, e hijos suyos sirviendo en el mundo, y lo importante es permitir que Él nos guíe a trabajar donde sabe que daremos más fruto. Debemos poner a Su disposición los dones y talentos, capacidades y experiencias que Él nos ha proporcionado, en el lugar en el cual nos toque servirle conforme a Sus propósitos.

Si el Señor nos llama a ser sal y luz, ¿qué mejor lugar donde brillar para Él que en nuestro lugar de trabajo secular? En Hechos 13.47 leemos: "Así nos lo ha mandado el Señor: 'Te he puesto por luz para las naciones...'". En la Biblia, "las naciones" se refiere a los que no son pueblo de Dios. Allí es donde necesita que seamos embajadores suyos.

Cuando el Señor Jesús intercedió por nosotros ante el Padre dijo: "No te pido que los quites del mundo, sino que los protejas del maligno... Como tú me enviaste al mundo, yo los envío también al mundo." (Juan 17.15, 18). Cuando nos toca ser agentes de Dios en nuestro trabajo secular, podemos reclamar esa protección divina y dar gracias por el privilegio de servirlo en un lugar donde Él nos necesita para alcanzar a muchos.

En resumen, dentro de la economía de Dios, mientras unos hermanos sirven en el mundo, otros sirven en la iglesia, preparando el lugar donde el Señor puede ir agregando a los que vayan siendo salvos gracias al testimonio, precisamente, de quienes le sirven en el mundo. Es el Señor el que te llama a servir en uno u otro lado. Serás más espiritual en la medida en que estés dispuesto a ser guiado por el Espíritu en cuanto a dónde servir a Dios, y a ser transformado por el Espíritu para que tus palabras y actitudes sean de buen testimonio y den fruto para Su gloria en tu lugar de trabajo.

También quiero hacer aquí una aclaración especial referida a las mujeres que, en lugar de "salir a trabajar", deciden quedarse en casa para criar a sus hijos. Esto a veces no es considerado un trabajo, pero ¡vaya si es un trabajo! Cuando lo hacen conscientes de que el rol de madre y esposa es muy importante, e incluso lo toman como parte de su servicio al Señor (al estar educando a sus hijos en Sus caminos), entonces yo las llamo "Amas de casa peligrosas". Y con peligrosas me refiero a que los frutos de tanta dedicación (es decir, sus hijos) son una amenaza para el mundo tal cual lo conocemos hoy, sino porque esos hijos ¡tendrán el potencial para cambiarlo! Así es que a las chicas que estén leyendo estas líneas quiero decirles que también es "muy espiritual" este trabajo, aunque no sea ni en la iglesia ni en un puesto secular... No lo tengan por menos que esto, ni permitan que otras personas lo menosprecien, ¡porque ciertamente Dios lo valora mucho!

74. ¿Qué hacer ante el fracaso?

Yo siempre he dicho que **peor que muchos fracasos son pocos intentos.** Lo primero que debes hacer ante un fracaso es no sentir que eres un fracasado. En la vida probablemente vamos a sufrir muchos fracasos, grandes y pequeños, pero cada uno de ellos debe ser una oportunidad para adquirir experiencia y madurar. Por eso es importante que puedas superar la desilusión y la frustración que implica, por ejemplo, el fracaso de un proyecto, para mirar con objetividad lo sucedido. Así podrás evaluar si hubo errores de tu parte, identificarlos y aprovechar la experiencia para emprendimientos futuros.

Los fracasos se pueden dar en lo sentimental, en lo laboral o en lo ministerial, y pueden afectar tanto a un proyecto personal como a uno comunitario. Incluso los efectos del fracaso pueden alcanzar a personas ajenas al proyecto.

Al enfrentarnos con la realidad de que nuestras expectativas sobre un proyecto no han prosperado, suelen invadirnos pensamientos negativos que no vienen de Dios. Puede ser un sentimiento de culpa por no haber elegido bien el camino, el temor de no ser capaces de alcanzar el éxito en nada de lo que emprendamos en el futuro, o vergüenza por no haber cumplido con las expectativas de otros.

Quiero decirte que ni la culpa, ni el temor, ni la vergüenza vienen de Dios, sino que son las armas que el enemigo quiere usar para desanimarte e impedir que los propósitos del Señor se cumplan en y a través de tu vida. Debes rechazar esos pensamientos, y no apoyarte en lo que otros piensen de ti, ni en o que tú piensas de ti mismo, sino solamente en lo que Dios piensa de ti como hijo suyo: "Porque yo sé muy bien los planes que tengo para ustedes —afirma el Señor—, planes de bienestar y no de calamidad, a fin de darles un futuro y una esperanza." (Jeremías 29.11). Intenta memorizar este versículo. De esta manera te fortalecerás en la Palabra, y podrás superar la adversidad y encarar el futuro con una mirada nueva.

Tal como te dije al principio, cada fracaso es una oportunidad para aprender. Ahora quiero advertirte sobre lo más importante que debemos aprender para poder llegar a ser "... más que vencedores..." (Romanos 8.37). Al examinar las posibles causas del fracaso, lo primero es reconocer si hemos tomado decisiones sin consultar al Señor en oración, o si hemos procedido sin tener en cuenta sus mandamientos. Si así fuera, debemos pedirle perdón a Dios por haber intentado manejar los asuntos de nuestra vida sin tenerlo en cuenta a Él, y tomar la firme decisión de allí en delante de buscar su voluntad cada vez que emprendemos cualquier proyecto.

Por último, debes saber que muchas veces aquello que desde nuestro punto de vista ha sido un fracaso, desde el punto de vista de Dios puede ser que no lo es. Si eres capaz de poner toda esa situación en Sus manos, probablemente compruebes que, de lo que parecía un fracaso, Él sacará una gran victoria.

75. Me cuesta demasiado estudiar lo que no me gusta. ¿Será que la escuela (o la universidad) no es para mí?

Si Dios te ha dado la oportunidad de poder estudiar, debes saber que Él desea que te esfuerces por alcanzar tu máximo potencial. Por ejemplo, quizás Él tenga el propósito de usarte en lugares a los cuales no tendrías acceso sin las credenciales que te darán los estudios que realices.

Entonces, busca la guía del Señor para elegir la orientación de tus estudios, sabiendo que en toda carrera habrá materias que te gusten y algunas que no te gusten, pero que igualmente será necesario aprobar todas. Siempre que hay un territorio por conquistar, Dios les dice a sus hijos: "...¡Sé fuerte y valiente! ¡No tengas miedo ni te desanimes! Porque el Señor tu Dios te acompañará dondequiera que vayas." (Josué 1.9) Muy especialmente, si es que tu familia desea que progreses en los estudios y están dispuestos a apoyarte para que puedas hacerlo, tu esfuerzo para avanzar también será una forma de honrar a tus padres.

Debes saber asimismo que la Biblia nos advierte sobre la pereza. "El perezoso ambiciona, y nada consigue; el diligente ve cumplidos sus deseos." (Proverbios 13.4). Si detectas que tu problema es la pereza, pide ayuda a personas cercanas para que se comprometan a animarte, y no rechaces su exhortación, sino acéptala con agradecimiento. Resulta muy útil buscar compañeros de estudio que sean aplicados y diligentes, no para descansar en ellos, sino para contagiarte su entusiasmo.

Y sobre todo, ten siempre presente esta preciosa promesa del Señor: "Si a alguno de ustedes le falta sabiduría, pídasela a Dios, y él se la dará, pues Dios da a todos generosamente sin menospreciar a nadie." (Santiago 1.5).
Tú esfuérzate, y Él estará contigo. Tú pídele sabiduría, y Él te la dará.

76. ¿Cómo puedo encontrar mis dones?

Hay preguntas que se responden mejor haciendo otras preguntas primero, y este es uno de esos casos. Hazte las siguientes:

¿Qué me apasiona?
¿Qué cosas disfruto hacer?
¿Cuándo me siento con más energía en el ministerio?
¿Qué tipo de jóvenes o de amigos me atraen naturalmente?
¿Qué puedo hacer muy bien?
¿Qué les gusta a mis amigos que haga?
¿En qué cosas usualmente me piden ayuda?
¿Cuáles son mis pasatiempos favoritos?
¿Qué pude estudiar y qué cosas he aprendido?
¿Qué experiencias de mi vida Dios puede usar?

Los dones son regalos de Dios, pero yo creo que también parten de cómo Dios nos diseñó desde que nacimos y de las cosas que nos ha permitido vivir, y por eso considero que estas son preguntas importantes.

Si prestas atención a la Biblia te darás cuenta de que allí hay diferentes listas de dones espirituales, y se deja en claro que a unos les fueron dados unos dones y a otros, otros (1 Corintios 12.7-11). También se aclara que no todos tenemos que tener los mismos dones, y se los diferencia del fruto que produce el Espíritu Santo en nosotros (Gálatas 5.22-23).

Pero entonces, ahora sí: ¿Cómo puedo saber cuáles son los míos? Dos prácticas básicas: 1) Prueba diferentes maneras de servir a Dios, y 2) Pasa tiempo con el Señor. Recuerda que **los dones espirituales son habilidades que nos da el Espíritu Santo para facultarnos a hacer la voluntad de Dios.**

También hay cuestionarios y tests que algunas denominaciones han elaborado para conocer mejor a los candidatos al ministerio (pregúntale a tu pastor sobre eso), y claro que también según la Biblia algunos dones pueden venir por imposición de manos de siervos de Dios (Hechos 19:6), aunque te aclaro que aún en este caso no es para que así recibas lo que tú quieras sino lo que Dios te quiere dar.

La clave final es empezar por lo que tienes a la mano. El propósito de Dios al darnos dones es que sirvamos mejor a la Iglesia, extendamos su reino y podamos relacionarnos mejor con Él, así que si ponemos nuestros esfuerzos en esos mismos objetivos vamos a ir notando que Dios nos va dando capacidades especiales para lograrlo.

SERVICIO | IGLESIA

NO HAY NADA MÁS EMOCIONANTE QUE ENTREGARNOS A UNA MISIÓN TRANSCENDENTE Y QUE HAGA UNA DIFERENCIA EN EL MUNDO, Y DE ESO SE TRATA LA IGLESIA. EL SERVICIO A DIOS NO SE REDUCE A CUATRO O CINCO ACTIVIDADES ADENTRO DEL TEMPLO. LA IGLESIA ES UNA MISIÓN QUE NACIÓ EN EL CORAZÓN DE DIOS PARA RESCATAR AL MUNDO POR AMOR, Y DE NOSOTROS DEPENDE QUE LA MISIÓN SEA EXITOSA.

"...Cristo amó a la iglesia y se entregó por ella para hacerla santa. Él la purificó, lavándola con agua mediante la palabra, para presentársela a sí mismo como una iglesia radiante, sin mancha ni arruga ni ninguna otra imperfección, sino santa e intachable."
Efesios 5.25-27

77. Mi iglesia es muy aburrida. ¿Por qué es importante congregarse?

La Biblia dice lo siguiente:
"Preocupémonos los unos por los otros, a fin de estimularnos al amor y a las buenas obras. No dejemos de congregarnos, como acostumbran hacerlo algunos, sino animémonos unos a otros..." (Hebreos 10.24-25).

La iglesia es la familia de la fe. Así como necesitamos a nuestra familia natural, donde compartimos las actividades cotidianas, recibimos alimento, protección, educación, y todo lo necesario para crecer como individuos sanos, también necesitamos de la familia de la fe para crecer como creyentes, ser bendecidos y bendecir a otros. Que no siempre eso sea divertido, es un hecho. No te voy a engañar diciéndote lo contrario, pero pienso que tal vez lo que deberías revisar son tus expectativas, porque no hay ninguna familia en la que se diviertan juntos todos los días.

¿Has observado alguna vez en un fogón lo que sucede si desparramamos las brasas encendidas? ¡Muy pronto se van apagando hasta extinguirse! Cuando están casi apagadas, prueba de volver a acercarlas unas a otras, ¡y verás cómo se vuelven a encender! Dios anhela que nuestra fe y nuestras ganas de servirlo no se apaguen, y sabe que para eso necesitamos de la comunión permanente con otros creyentes, para apoyarnos, sostenernos y animarnos unos a otros. Si dejamos de congregarnos, inevitablemente nos iremos enfriando como esas brasas separadas del fogón. Dios desea que su luz brille a través de nosotros, y las brasas apagadas no brillan...

La Iglesia es como un ejército que debe avanzar para extender el Reino de Dios, y nosotros los creyentes somos soldados de ese ejército. Un soldado no puede ir sólo a la lucha, sino como parte de un batallón. De igual modo, para servir al Señor, lo debemos hacer como parte de un cuerpo, que es la Iglesia.

Si tu iglesia local te resulta aburrida, de ninguna manera eso puede ser una excusa para dejar de congregarte. Hay tal diversidad de expresiones dentro de la Iglesia de Cristo, que seguramente podrás encontrar alguna congregación en la cual te sientas cómodo, feliz, y útil. Visita otras iglesias, acompaña a tus amigos creyentes a sus reuniones, y ora para que el Señor te guíe al lugar donde puedas crecer, ser bendecido y bendecir, y trabajar para Él con alegría. Lo importante es tener una comunidad o familia de fe donde puedas experimentar el amor y también la autoridad y eso no se limita a ir al templo el fin de semana.

78. ¿Qué puedo hacer cuando en mi iglesia no me dan lugar en el ministerio?

Esta pregunta suele esconder una idea equivocada respecto a cuál es el servicio al que Dios nos llama. En un sentido fiel a lo que la Biblia nos enseña, es realmente imposible que la iglesia te prohíba ministrar o servir a otros.

Siempre que me hacen esta pregunta, yo me hago una pregunta también, y es si quien me la hace está buscando servir a otros o simplemente esta buscando una posición o el aplauso y reconocimiento de otros. A veces lo que queremos es el micrófono, o el escenario, en lugar de buscar ayudar a otros a conocer más a Dios. Así que lo primero que me urge hacer es recomendarte revisar tus motivaciones. **Con motivaciones equivocadas te va a costar mucho más obtener un lugar ministerial en la iglesia.**

Ahora, si lo que quieres es simplemente poder ejercitar tus dones y talentos con la sana motivación de bendecir a otros, entonces tienes que aprender también ser paciente y esperar tu turno sin desesperarte. Habla con Dios para que siga dándote las motivaciones correctas y luego directamente habla con tus líderes o pastores acerca de tu inquietud y deseo. No intentes forzarlos, ni te compares con nadie. Sólo diles que estas disponible y que te encantaría poder hacer eso que amas hacer. Luego ten la madurez suficiente para aceptar sugerencias y cambios si te sugieren o piden que hagas las cosas de manera diferente.

Conozco muchos jóvenes que perdieron su lugar de ministerio en la iglesia por no estar dispuestos a aprender y no aceptar sugerencias de nadie. No es conveniente querer siempre hacer las cosas a tu manera y no ceder nunca. Ni aunque sean sugerencias tontas y sientas que tienes la razón. El servicio no se trata de quién lo hace mejor o de quién tiene la razón, sino de bendecir a la gente. Y sin ese deseo nadie, ni aunque que tenga un titulo ministerial, tiene un "ministerio".

79. ¿Será que Dios puede usarme a pesar de mis imperfecciones?

Tus imperfecciones lo único que prueban es que no eres perfecto. Ahora te recuerdo algo importante: ¡Nadie lo es! Si Dios no pudiera usarte a ti por tus imperfecciones, ¡entonces no podría usar absolutamente a ninguna persona, habida ni por haber! La Biblia (y la experiencia) dejan muy claro que ningún ser humano es perfecto. El único perfecto es Dios. Por lo tanto, si Dios usa, y ha usado, a los seres humanos para completar su obra y llevar a cabo sus planes aquí en la Tierra, ¡entonces quiere decir que Él puede usarnos a pesar de nuestras imperfecciones!

La Biblia está llena de ejemplos de cómo Dios puede usar seres humanos débiles e imperfectos para realizar cosas extraordinarias. Sólo por poner un ejemplo, Moisés tenía un temperamento bastante "imperfecto", que lo llevó a matar a un egipcio, y también mucho más tarde a romper las tablas de la ley con los mandamientos que Dios le había dado (no te preocupes, después le dio otras). Sin embargo, Dios usó a Moisés para libertar a su pueblo de la esclavitud en Egipto, e incluso con el tiempo lo transformó de tal manera que llegó a decirse de él: "Y aquel varón Moisés era muy manso, más que todos los hombres que había sobre la tierra." (Números 12.3, RVR1960)

Y podría seguir con los ejemplos de grandes "héroes de la Biblia" como Abraham, David, Pablo, y muchos otros que distaban bastante de ser perfectos pero sin embargo fueron usados por Dios para grandes cosas. También en Hebreos se nos cuentan algunas de las muchas historias de hombres imperfectos, quienes por la fe en Dios, no por sus propias fuerzas, "...conquistaron reinos, hicieron justicia y alcanzaron lo prometido; cerraron bocas de leones, apagaron la furia de las llamas y escaparon del filo de la espada; sacaron fuerzas de flaqueza; se mostraron valientes en la guerra y pusieron en fuga a ejércitos extranjeros." (Hebreos 11.33-34)

Por otra parte, quiero dejarte claro que no vale usar esto como excusa para no mejorar tu carácter u otras cosas que sí *puedes*, y por lo tanto *debes*, mejorar. No somos perfectos, pero debemos intentar ser "lo más perfectos posible", en el sentido de mejorar día a día, con la ayuda de Dios, "...hasta ser en todo como aquel que es la cabeza, es decir, Cristo" (Efesios 4.15). El Señor puede usarnos a pesar de nuestras imperfecciones, pero también quiere irnos moldeando de manera que seamos cada vez menos "imperfectos". Pídele que te use, y pídele que te perfeccione. ¡Él hará las ambas cosas con mucho gusto!

80. ¿Cuál es verdadero propósito de la Iglesia?

La Iglesia es el conjunto de todos los seguidores de Cristo. Luego de resucitar y antes de volver al Padre, Jesús les dejó a sus seguidores el siguiente encargo: "...vayan y hagan discípulos de todas las naciones, bautizándolos en el nombre del Padre y del Hijo y del Espíritu Santo, enseñándoles a obedecer todo lo que les he mandado a ustedes. Y les aseguro que estaré con ustedes siempre, hasta el fin del mundo." (Mateo 28:19.20). Eso es lo que se llama "La gran comisión", y ese es el verdadero propósito de la Iglesia: difundir los mandamientos de Jesús por todo el mundo, y enseñar a obedecerlos. ¿Por qué? Porque es el anhelo de Dios que cuando Jesús vuelva para llevar a Su Iglesia, la mayor cantidad posible de personas ya le pertenezcan y puedan ir con Él.

¿Y cómo lleva a cabo la Iglesia esta tarea de difundir el Evangelio por todo el mundo? En los comienzos, los primeros creyentes se reunían en las casas, para pasar juntos tiempo estudiando las Escrituras y creciendo en su relación con el Señor y los unos con los otros. A su tiempo, algunos de ellos fueron enviados a otras ciudades para compartir allí lo que habían aprendido. Entonces en esas ciudades comenzaron a formarse grupos que se reunían en las casas, y así sucesivamente. La Biblia nos dice que "Los discípulos salieron y predicaron por todas partes, y el Señor los ayudaba en la obra y confirmaba su palabra con las señales que la acompañaban."(Marcos 16:20)

Hoy en día, lo que llamamos "la iglesia local", que es cada congregación que se reúne en un lugar determinado, cumple con ese propósito de compartir en comunidad y crecer en el conocimiento de Dios y de su Palabra, para a su vez poder transmitirla a otros que aún no la conocen. (No sé si observaste que cuando hablamos de una congregación local escribimos *iglesia* con minúscula, y cuando hablamos de todo el Cuerpo de Cristo, es decir, de todo el conjunto de los creyentes en todo el mundo, escribimos *Iglesia* con mayúscula.)

Para que la misión de la Iglesia de difundir el Evangelio pueda ser efectiva, es fundamental que los creyentes den un buen testimonio de cómo debe ser un discípulo de Jesús. Una de las funciones de la iglesia local, a través de sus distintos ministerios, es el capacitar a sus miembros para que puedan llevar adelante esa misión.

La iglesia local es el lugar donde los creyentes somos instruidos en la Palabra e instruimos a otros, somos animados, y animamos a otros, somos restaurados y ayudamos a restaurar a otros. La idea es que, en ese contexto, todos vayamos creciendo, persiguiendo como objetivo el llegar "a la unidad de la fe y del conocimiento del Hijo de Dios, a una humanidad perfecta que se conforme a la plena estatura de

Cristo." (Efesios 4.13). ¡Y cuanto más nos acerquemos a ese ideal, mejor capacitados estaremos para poder cumplir la gran comisión que le encargó Jesús a su Iglesia en el mundo!

81. ¿Es bueno que un cristiano se ocupe de la ecología?

Todos los cristianos deberíamos ocuparnos de la ecología. No digo que todos deban dedicar 8 horas por día para servir como voluntarios en una organización de las que se ocupan de preservar el medioambiente, o de defender la flora y la fauna (aunque esto es muy bueno), pero al menos todos deberíamos tener más presente en nuestro accionar diario el cuidado del planeta y de las especies que lo habitan.

En Génesis vemos que todo lo que Dios hizo era bueno, y que luego Él nos puso a nosotros, los seres humanos, a cargo de la creación. Nos dio autoridad sobre todos los animales y las plantas para que nos enseñoreáramos sobre ellos (es decir, para que gobernáramos sobre ellos), pero con esta autoridad vino también una responsabilidad. El mundo entero y lo que hay en él, todo pertenece a Dios. Nosotros somos simples "mayordomos" (es decir, administradores) de la creación, y como tales debemos cuidarla y preservarla para que también la puedan disfrutar las futuras generaciones.

Tony Campolo fue el primer predicador al que le escuché hablar de la ecología, y él dijo que los no cristianos nos han robado a los cristianos la bandera de la ecología, ¡y no deberíamos haberlo permitido! Nosotros, los hijos de Dios, deberíamos haber sido los primeros y los más fervorosos en levantar esta bandera. Deberíamos ser los más interesados en velar por que no se extinga ninguna de las hermosas especies de animales y de plantas que nuestro Señor creó. Deberíamos ser los primeros en cuidar que no se arruine la capa de ozono que protege a nuestro precioso planeta, y que no se derritan los majestuosos glaciares que nuestro Dios colocó cerca de los polos. Deberíamos ser los más preocupados en detener la contaminación que el hombre produce en ríos y mares cuando no le importa más que su propia ganancia económica y entonces arroja los desechos de sus fábricas al agua sin procesarlos primero. Y los ejemplos podrían seguir...

¡Todos podemos cuidar el agua potable que usamos en nuestras casas, reciclar, no comprar más productos de los que realmente necesitamos (para no generar más basura en el planeta innecesariamente), comprar y usar preferentemente cosas que estén fabricadas cuidando el medioambiente, etc., etc.!

Por lo tanto, sí, **es bueno que un cristiano se ocupe de la ecología. Y es malo que no lo haga.** El Señor nos puso como administradores sobre la Tierra y todo lo que hay en ella, y cada uno debe pensar qué le dirá al Señor cuando Él le pida que rinda cuentas...

82. ¿Por qué hay líderes cristianos que caen en pecado? Y, ¿qué puedo hacer si conozco a algún líder que está en pecado?

Ningún líder con su equipo mental funcionando se levanta un día y dice "Hoy voy a hacer un desastre con mi vida, lastimar a mucha gente y hacer quedar mal a Cristo". No. Todo comienza poco a poco. Mucho antes de que nadie se entere. Empieza con un flojo "sí" en un momento de soledad.

Emerge de a poco en el interior de un corazón descuidado...

Dios me ha dado el curioso privilegio de trabajar en muchos sectores del cuerpo de Cristo. He pastoreado en distintos países, para diferentes denominaciones, trabajado para distintas organizaciones, y hoy viajo por el mundo compartiendo con líderes de todo tipo. Al tener está posibilidad de ver al hombre en acción puedo notar los siguientes problemas como potenciales puertas hacia una caída estrepitosa...

•Líderes que se creen superados:

Aún el más respetado ministro de la Palabra tiene que reconocer que es un pecador. Somos pecadores, y a menos que Jesús estuviera equivocado no hay bueno ni aún uno (Mateo 19.17) Esa es la verdad. Ni siquiera ese de traje raro que siempre está conmovido y haciendo milagros en TV es justo por sus propios meritos. Todos tenemos una necesidad desesperada de Dios y no podemos confiarnos de nuestra propia justicia. "Así que, el que piensa estar firme, mire que no caiga." (1 Corintios 10.12). El que cree estar exento de pecar, ya abrió una puerta peligrosa. Además, satanás tiene a los líderes como blanco preferido, y la Biblia es clara en prevenirnos acerca de que el diablo está atento a nuestros pasos y por eso nosotros tenemos que estarlo aún más.

•Líderes que están demasiado solos:

Muchas veces el liderazgo genera soledad. Ya sea porque uno se va de misión a otro lugar, o porque uno está en el tope de una congregación y generó una plataforma en la que nadie le puede decir nada negativo, lo cierto es que muchos se quedan solos en el liderazgo cristiano. Así es que tantos líderes se han alejado de todo contacto con la civilización y viven en la burbuja de su ministerio unipersonal. El problema es que a la llegada de la tentación están solos también, y no tienen de quién agarrase. Todo en ellos es tan misterioso, secreto y solitario que pronto sólo cuentan con su propio criterio para discernir lo que está bien y lo que está mal, y eso puede ser muy engañoso. No importa lo importante que sea un líder, todos necesitamos amigos que nos sostengan, que puedan decirnos cuando consideran que estamos equivocados, y que nos llamen la atención si estamos en terreno peligroso.

•Líderes que tienen demasiado miedo a reconocer sus debilidades y tentaciones:

En muchos círculos cristianos existe el mito del "súper líder". Este fue creado por una generación de líderes que nunca hablaba de sus debilidades y pecados. Uno los escuchaba y jamás había nada negativo en sus vidas. Todo era ejemplar y no tenían ninguno de los problemas que tiene el resto de los humanos. (Todavía esto es cierto en algunos sectores, y sobre todo en la televisión evangélica). Esto, además, se vio agravado porque hemos sido el único ejército que mata a sus propios heridos. ¿Cómo? Muchos líderes han visto cómo otros, al encontrarse en pecado, fueron avergonzados por la iglesia en lugar de ser ayudados y restaurados, y entonces tienen miedo de confesar su debilidad. Recordemos que Jesús dijo que tire la primera piedra el que no tenga pecado. Jesús estuvo atento a corregir, pero siempre con amor.

El camino de salida a este problema es que se levante una generación de líderes con autenticidad y transparencia. Yo soy un pecador, y todavía hay cosas de mi carácter que me cuesta controlar. He tomado decisiones en el ministerio que han sido equivocadas, y muchas veces he actuado con motivaciones erradas. Al reconocer eso quedo menos expuesto a crear una barrera de hipocresía que impida que otros demanden cuentas de mi vida y ministerio.

•Demasiada exposición sin lugar para el refresco: No es fácil ser el responsable del crecimiento espiritual de otras personas. Algunos líderes pasan todo el tiempo dando, sin separar un tiempo para recibir también. Esto los cansa y los debilita. Muchas de las historias de caídas de líderes dan cuenta de que éstas ocurrieron en momentos de defensas bajas. Y si a la responsabilidad natural del liderazgo le agregamos fama, viajes y una agenda descomunal, el tiempo de refresco se necesita con más urgencia todavía. Separar tiempo en familia, buenas vacaciones, y también nutrirse del ministerio de otros, previenen un estado de debilitamiento.

Claro que hay mucho más por decir, pero en este momento me gustaría ayudarte a responder la otra pregunta, que es muy importante: ¿Qué puedes hacer si conoces a algún líder que está en pecado? Bueno, ayudarlo, confrontándolo con su pecado. Cuando le señalas su pecado a alguien con amor le haces un favor. Primero vístete de misericordia, no sea cosa que la confrontación tenga que ver con una motivación tuya de hundir a esta persona, de mostrar tu espiritualidad, de armar revuelo en la iglesia, o cualquier otra razón que no sea la de ayudar a esta persona y edificar el cuerpo de Cristo. Haz exactamente lo que entiendas que Jesús haría. Habla en privado, y si no hay progreso, habla con un testigo. Si te encuentras conque además del pecado hay hipocresía que pretende quedarse así, entonces sí tienes que hablar con otros líderes y denunciar el pecado. ¿Y si tú has sido la persona herida por el pecado? Lo mismo, pero además perdonar... No hay otra llave para liberar tu corazón, y el de esta persona también.

83. Creo que Dios me llama las misiones. ¿Cómo estar seguro y dónde puedo empezar?

Marca esta fecha en el calendario porque hoy mismo yo te confirmo ese llamado. ¡Dios NOS LLAMA a las misiones a todos los cristianos!

Es tiempo de que entendamos que la Iglesia no hace misiones... sino que es una misión. Es una misión que nace en el corazón de Dios hacia un mundo sin Él.

El apóstol Pablo escribió: "Sabemos que toda la creación todavía gime a una, como si tuviera dolores de parto." (Romanos 8:22), y es porque está esperando que los hijos de Dios cumplan con esa misión de rescatar al mundo para Cristo.

Ahora bien, yo sé que quizás lo que me estás preguntando es si debes irte o no a otro país, o a otro continente. Pero es fundamental comprender lo que te acabo de decir para luego responder esa otra pregunta. Lo primero es cultivar una pasión por los perdidos. Debemos tener bien clara cuál es su necesidad de salvación, y luego comenzar a hacer algo dondequiera que estemos.

Siempre me resultó muy interesante que el mismo Jesús, al hablar de la venida del Espíritu Santo, hizo una proyección de cómo debían avanzar las misiones. En Hechos 1:8 leemos: "Pero cuando venga el Espíritu Santo sobre ustedes, recibirán poder y serán mis testigos tanto en Jerusalén como en toda Judea y Samaria, y hasta los confines de la tierra." Fíjate que Él comienza por donde estaban, luego habla de un territorio más grande que les rodeaba, y por último de irse a otras tierras.

Entonces, comienza por donde estás ahora, compartiendo las Buenas Nuevas con tus amigos que no conocen a Jesús. Pasa tiempo con misioneros de otras tierras para entender más acerca de cómo viven su misión. Averigua e investiga cuáles son las zonas en tu país a las que el evangelio aún no ha llegado, y luego haz lo mismo con el resto del planeta. Tómate algún tiempo de vacaciones para ir en misiones cortas. Hay organizaciones como Operación Movilización o Juventud con una Misión que tienen programas cortos de verano. Participa en algún programa como estos, y así podrás asegurarte de si este es un llamado específico de Dios para tu vida.

Por último, te cuento que Hispanoamérica ha dejado de ser primordialmente un campo misionero y se está convirtiendo en una fuerza misionera, y a mí me anima mucho cuando me encuentro con jóvenes decididos a llevar el evangelio a todos los rincones de la tierra...

84. ¿Es malo cambiarse de iglesia?

Antes que nada te pediría que leas las respuestas a las preguntas 77 y 80 para estar seguro de que comprendes que las congregaciones e iglesias locales son parte de una única Iglesia diseminada por todo el mundo, que es el cuerpo de Cristo y de la cual Jesús es la cabeza. Por eso es que "técnicamente" es imposible cambiarte de Iglesia. **Si por alguna circunstancia uno cambiara de iglesia local, o incluso de denominación, siempre seguiría perteneciendo a la misma Iglesia de Cristo** en tanto en esa congregación se enseñen los principios bíblicos de la fe.

Ahora bien, cambiarse de congregación no es malo en sí mismo, aunque sí debemos tener en cuenta cuáles serían las motivaciones correctas y la forma apropiada de proceder al llevar adelante ese cambio. Por ejemplo, si debes cambiar de domicilio y te mudas de ciudad, es comprensible que desees buscar una iglesia que se congregue en un lugar más cercano a tu nuevo domicilio. Esa no sería una mala motivación. Pero si quieres cambiarte de iglesia porque has discutido con un hermano y no buscas ante todo la reconciliación, esa sería una muy mala motivación. La Biblia nos exhorta: "Si es posible, y en cuanto dependa de ustedes, vivan en paz con todos." (Romanos 12.18), por lo cual lo bueno no es escapar de esa situación sino seguir los pasos necesarios para que la relación sea restaurada. Te puedo dar otro ejemplo: Si te casas con alguien que pertenece a otra congregación, al menos uno de los dos deberá cambiar de iglesia para comenzar a congregarse juntos como matrimonio, y esa sería una muy buena motivación. Pero si quieres cambiar de iglesia porque te molesta que tu pastor insista en que los jóvenes no adopten las costumbres del mundo, esa sería una muy mala motivación. Estarías buscando una iglesia donde se enseñe lo que tú quieres oír y no lo que Dios quiere enseñarte. En resumen, lo malo no es cambiarse de iglesia, sino hacerlo por razones que Dios no aprueba.

Una forma de saber si lo estás haciendo por los motivos correctos sería que pudieras salir de tu congregación actual con la bendición del pastor y de los hermanos. Que incluso pudieras compartir con ellos la decisión y que, si bien todos lamenten perderte, nadie quede herido a causa de tu partida, sino que te comprendan y apoyen en la búsqueda de una nueva congregación.

Por último, ten cuidado con tus expectativas. Ninguna iglesia local es perfecta, porque las iglesias están compuestas por hombres imperfectos.

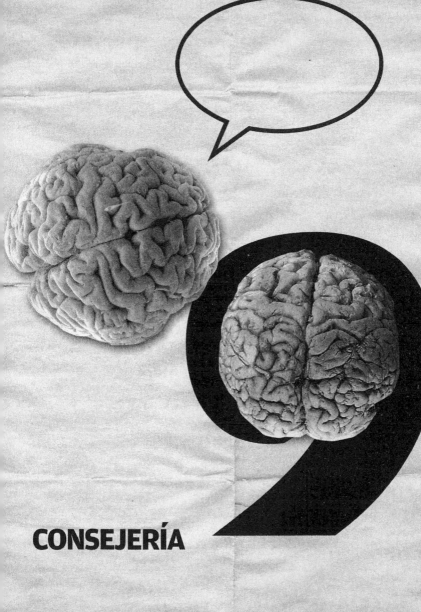

CONSEJERÍA

TODOS TENEMOS AMIGOS Y CONOCIDOS QUE PASAN POR SITUACIONES EN LAS QUE NECESITAN UN CONSEJO SABIO.

"Cuando falta el consejo, fracasan los planes; cuando abunda el consejo, prosperan."
Proverbios 15.22

85. ¿Cómo puedo hablar de Jesús con jóvenes que son abiertamente gay?

Todo el mundo, ya sea abiertamente gay, gay a escondidas, o no gay para nada, necesitamos conocer a Jesús y su amor incondicional por nosotros los pecadores. Conocer que Él vino a morir por nuestros pecados, y que con su sacrificio nos reconcilió para siempre con el Padre. Conocer que solamente necesitamos recibir este regalo de gracia que viene de Dios para tener vida eterna. Y conocer que para tener, además, una vida abundante mientras estamos aquí en la Tierra, debemos seguir los consejos de nuestro Padre y obedecer sus mandamientos... De ahí surge el por qué es necesario que cada uno viva de acuerdo a la identidad sexual que Dios le dio.

Para saber más sobre qué actitud tomar frente a la homosexualidad te invito a que leas las respuestas a las preguntas 46 y 47 de este libro. Pero no te preocupes tanto por lo que debes decir a la hora de dar testimonio de tu fe porque, como ya dije en otra respuesta, el Espíritu Santo te dará en cada momento las palabras adecuadas para decir (o los silencios adecuados para escuchar, que muchas veces son lo mejor).

Los jóvenes abiertamente gay probablemente tengan un prejuicio respecto a la iglesia que suele ser proporcional a como la iglesia ha tenido un prejuicio acerca de ellos. ¿A qué me refiero con eso? A que así como en la iglesia les solemos tener "fobia" a los homosexuales, los homosexuales le tienen fobia a la iglesia. Obviamente eso debe cambiar, y la iniciativa la debemos tomar nosotros. Los jóvenes que son abiertamente gay aunque se muestren muy seguros de sí mismos, tienen los mismos temores que tiene cualquier joven y el mismo deseo, sino mayor, de ser aceptados por los demás. Así que comienza por aceptarlos tal cual son hoy, sin siempre intentar corregirlos. Por supuesto que aceptarlos no es sinónimo de aprobarlos, pero si queremos que alguien nos escuche no podemos estar solamente destacando su error. Eso es igual con cualquier pecado que tenga cualquier persona. Llegado el momento, el Espíritu Santo te dará guía sobre cómo tratar esa cuestión, pero primero que nada debes concentrarte en la necesidad que cada persona tiene de Dios para poder hablarle de Jesús.

Y recuerda que más fuerte que tus palabras hablará el ejemplo de tu propia vida como seguidor de Cristo.

86. ¿Qué puedo hacer cuando quiero suicidarme? No quiero sentir esto pero lo he pensado.

Hay varias encuestas que demuestran que este es un sentimiento mucho más común de lo que se confiesa. Comienzo diciéndote esto para que no creas que eres la única persona que ha luchado con estos sentimientos en su juventud. Durante el lapso de la adolescencia es muy común sentirse inadecuado, no aceptado, sin amigos, y sentirse feo y pobre respecto a los estándares de los medios masivos de comunicación. Lo importante que hay que recordar es que muchas personas que se han sentido así, luego terminaron siendo las más exitosas en la sociedad. Vuelve atrás y echa una mirada a la adolescencia de los dos hombres más ricos del planeta (Carlos Slim y Bill Gates) y te encontrarás con dos "nerds" sin muchos amigos que digamos. Mira la adolescencia de Giselle

Bundchen (una de las modelos mejor pagas de la historia) y te encontrarás con una adolescente acomplejada porque le decían "palito" por lo flaca que era.

Claro que al leer esto lo más probable es que estés pensando que tu caso es peor que los que te acabo de relatar... y probablemente lo sea. Pero lo que no estás pensando si sientes eso es en las cosas increíbles que Dios puede hacer contigo y a través de ti si le entregas tu vida y comienzas a creer que Él puede hacer los mejores milagros en ella.

Recuerda que: "El Señor mismo marchará al frente de ti y estará contigo; nunca te dejará ni te abandonará. No temas ni te desanimes". (Deuteronomio 31.8)

Entonces, cuando te sientas así toma la iniciativa de buscar ayuda. Habla con un pastor o líder de confianza. Pide una cita si no tienes ninguno con el que te relacionas de manera cercana, y si es demasiado urgente usa el cerebro. ¡Sí! No es lo mismo sentir que pensar. Tú por ejemplo puedes "sentir" que Dios no te quiere pero eso no es verdad, sientas lo que sientas. Tú puedes sentir que no tienes esperanza, pero eso no es realidad porque tú no conoces el futuro.

Un último consejo: Busca a otras personas a quienes tú puedas ayudar, y te aseguro que tu vida va a mejorar.

87. ¿Cuál es el problema con el aborto? ¿No es justo dejar que la madre elija si tener un bebé o no?

¡Definitivamente no es justo para el bebé! La Biblia deja bien en claro que desde el punto de vista de Dios, la vida comienza en el momento de la concepción y no en el del nacimiento. Mira con atención los siguientes versículos (son solo algunos, a modo de ejemplo):

El Señor le dijo a Jeremías: "Antes de formarte en el vientre, ya te había elegido; antes de que nacieras, ya te había apartado…" (Jeremías 1.5)
También el salmista escribió: "Fui puesto a tu cuidado desde antes de nacer; desde el vientre de mi madre mi Dios eres tú." (Salmos 22.10)

Y en el Nuevo Testamento vemos que María (embarazada de Jesús) fue a visitar a Elisabet (embarazada de Juan el Bautista), y ésta exclamó: "Te digo que tan pronto como llegó a mis oídos la voz de tu saludo, saltó de alegría la criatura que llevo en el vientre." (Lucas 1.44)

El aborto es algo muy serio. Dado que la vida comienza desde el momento de la concepción, al suspender voluntariamente el embarazo lo que está haciendo la madre (y los médicos) es cometer un asesinato. Pueden intentar disfrazarlo de otra cosa, y llamarlo con otros nombres, pero es un asesinato. Y esto no solo es un pecado muy grave, sino que es algo tan cruel que deja una marca de por vida en el corazón de la madre. Una marca que es difícil de borrar (imposible, diría yo, a no ser con una restauración que venga del Señor, si es que la madre en algún momento se arrepiente y pide perdón).

Pero no sólo comienza la vida en el momento de la gestación, sino que también la Biblia nos cuenta que Dios tiene planes para cada persona aún desde antes de que nazca: "Tus ojos vieron mi cuerpo en gestación: todo estaba ya escrito en tu libro; todos mis días se estaban diseñando, aunque no existía uno solo de ellos." (Salmos 139.16) Me pregunto yo, ¿qué ser humano puede tener derecho a cortar estos planes? ¡Nadie!

Así es que si en algún momento te toca aconsejar a una mujer o a una pareja que está contemplando la posibilidad de un aborto, compárteles estas verdades bíblicas. Ayúdalos a imaginarse a ese bebito creciendo y viviendo una vida feliz según los planes que ya Dios tiene trazados de antemano para él o ella. Y dales la esperanza de que si hacen lo correcto, el Señor no los desamparará en la crianza de ese hijo, sino que por el contrario los sustentará, los guiará, y los acompañará en cada paso del camino.

88. ¿Cómo puedo ayudar a alguien que está muriendo?

Para todos aquellos que hemos depositado nuestra confianza en el Dios de la Biblia, la muerte es solamente un cambio de domicilio. Tenemos la promesa de Jesús: "No se angustien. Confíen en Dios, y confíen también en mí. En el hogar de mi Padre hay muchas viviendas; si no fuera así, ya se lo habría dicho a ustedes. Voy a prepararles un lugar. Y si me voy y se lo preparo, vendré para llevármelos conmigo. Así ustedes estarán donde yo esté." (Juan 14.1-3), y le creemos firmemente.

Pero si bien esta fe nos regala una perspectiva diferente a la de aquellos que no han entregado su vida al Señor, no nos libra de pasar por momentos de angustia, de tristeza y de dolor ante la inminencia de la muerte. ¡El mismo Señor Jesús lloró ante la tumba de su amigo Lázaro!

Como en cualquier circunstancia difícil, lo primero es llevar a Dios en oración toda la situación que rodea al enfermo. Orar por su conversión, si es que no fuera creyente, y también pedirle al Señor que tanto el enfermo como su familia puedan experimentar Su amor y Su misericordia a lo largo de esta prueba.

Una vez que hayas puesto en las manos del Señor todo lo que nadie más que Él puede hacer, entonces estarás en condiciones de ayudar haciendo tu parte, teniendo siempre en cuenta la importancia de obrar con amor y sensibilidad.

¿Qué es lo que puedes hacer ? Los expertos afirman que cuando una persona se ve enfrentada a una situación dolorosa e irreversible, pasa sucesivamente por cinco etapas: la negación de la realidad, la ira por lo que le está sucediendo, la negociación ("si me salvo de esta haré tal o cual cosa"), la depresión y finalmente la aceptación. Este proceso lo vivirá tanto el enfermo como sus familiares, aunque no necesariamente al mismo tiempo ni en el mismo orden. Te explico esto porque será importante que puedas identificar en qué etapa del proceso se encuentra la persona, ya que de ello dependerá la forma de encarar tu ayuda.

La enfermedad terminal genera una crisis que afecta a todos los miembros de la familia, y todos deberían esforzarse por mantener y fortalecer la unidad familiar. Deben pensar en aprovechar el tiempo para compartir el cariño y el amor con el enfermo, procurando que el entorno familiar le traiga tranquilidad y no inquietud. Quizás la mayor preocupación de la persona que sabe que va a partir es pensar en qué condiciones quedará su familia cuando él ya no esté aquí, por eso es tan bueno proporcionarle la tranquilidad de saber que están unidos y en armonía.

Es conveniente que los familiares se turnen para acompañar al enfermo. De esta manera se evita el agotamiento, y a su vez todos tendrán la oportunidad de pasar tiempo a su lado. Dado que nadie, ni siquiera los médicos, puede saber cuánto durará este proceso, este es un tiempo para vivir el día a día. Ciertamente es el momento de aplicar la enseñanza de Jesús: "...no se angustien por el mañana, el cual tendrá sus propios afanes. Cada día tiene ya sus problemas." (Mateo 6.34) Atesoren cada día que puedan compartir con el enfermo, y dejen el día de mañana en las manos del Señor.

Cuando estés acompañando al enfermo, piensa que posiblemente necesite hablar de lo que le pasa. Intenta crear un clima favorable para que se sienta libre de expresar sus inquietudes y sentimientos. Escúchalo con paciencia y permite que se desahogue sin juzgarlo y si opinar. No sientas que estás obligado a conversar, porque lo valioso para él es tu compañía, tu presencia a lado suyo. Habrá momentos de alegría aún en medio de la tristeza, y debes animarte y compartirlos. También deberás acompañar con empatía los momentos de tristeza y dolor. Dios nos instruye así: "Alégrense con los que están alegres; lloren con los que lloran." (Romanos 12.15). Verdaderamente eso resume lo que tenemos que saber y aplicar para acompañar a un enfermo y ser de bendición.

Por otra parte, si el enfermo no fuera creyente lo más probable es que también le preocupe qué le ocurrirá luego de morir. Si puedes hablar este tema con él, tal vez el Señor pueda usarte para guiarlo en la decisión de recibir a Jesús como su Señor y Salvador. Es increíble la cantidad de personas que, habiéndose resistido a creer en Dios durante toda su vida, intentan desesperadamente conocerlo y aceptarlo en su lecho de muerte. Muchos se dan cuenta de que han malgastado su vida viviendo lejos de Dios, ¡pero al menos podrán disfrutar de la Vida Eterna junto a Él!

89. ¿Cómo ayudar a que dos personas se reconcilien?

¡Qué bueno que tengas esta inquietud! Dios tiene pasión por restaurar relaciones rotas, y nos necesita a cada uno de nosotros para colaborar con Él en esa tarea. Mira lo que dijo el Señor Jesús: "Dichosos los que trabajan por la paz, porque serán llamados hijos de Dios." (Mateo 5.9). Sin duda, entonces, en la Biblia encontraremos algunas pistas sobre como ayudar a que dos personas que se han enemistado puedan volver a estar en paz.

Por tu pregunta deduzco que ambas personas a las que te refieres te son cercanas, lo que implica que podrías buscar la oportunidad de reunirte para conversar tanto con una como con la otra. Esto es importante, porque en muchos casos el distanciamiento entre dos personas se puede haber originado a partir de una mala comunicación, de un malentendido o de una interpretación equivocada de lo que el otro dijo o hizo. Por eso es importante, como primer paso, escuchar a cada una de las partes, intentando discernir y desenmascarar cualquier posible error de interpretación de algún dicho, o aún algún chisme malintencionado, que haya dado origen a esta situación. Una vez que salga a la luz la interferencia en la comunicación que había generado el distanciamiento, la reconciliación se producirá naturalmente.

Pero muchas veces el enojo tiene una causa real, cuando uno ha ofendido al otro, o cuando ambos se han ofendido mutuamente. En este caso, la receta bíblica para la reconciliación es el perdón. Sin pedir perdón y sin perdonar, no es posible una verdadera reconciliación. Exhórtalos a perdonar. Y recuérdales que **el perdón no es un sentimiento, sino una decisión de la voluntad.** No debemos esperar a "sentir" que ya podemos perdonar a quien nos ha ofendido. Debes animarlos a que decidan perdonarse las ofensas, y así abrir la puerta para que la herida pueda ser sanada y la relación restaurada.

Por último, puedes pedirle ayuda y sabiduría a Dios para saber cómo encarar la situación particular en la que te toque intervenir, ya que estás trabajando para Él. Si Él te manda, Él te puede dar instrucciones precisas, ya que: "Todo esto proviene de Dios, quien por medio de Cristo nos reconcilió consigo mismo y nos dio el ministerio de la reconciliación:" (2 Corintios 5.18)

90. A mi amiga le gusta jugar a besarse con otras chicas. ¿Es malo eso?

El principal problema con esta conducta es que se ande besando con otras personas, y no necesariamente que lo haga con alguien de su mismo sexo.

La homosexualidad suele ser vista como si fuera peor que otros pecados, y eso es porque a quienes somos plenamente heterosexuales nos cuesta entender la atracción que puede alguien experimentar por una persona de su mismo sexo. Pero en el idioma griego en el que fue escrito originalmente el Nuevo Testamento, la palabra pecado quiere decir "errar al blanco", y eso da a entender que no hoy puntos extras si uno erra por poco y no por mucho. Errar es errar, y la homosexualidad desde esa perspectiva es igual a cualquier otro desviamiento de la voluntad de Dios.

Pero hablemos ahora del tema de que ella piense que es un juego. Aquí no me queda otra que culpar a la TV. En los últimos años, diferentes programas de MTV y películas para jóvenes han mostrado esta conducta como un juego, y muchas chicas y chicos incautos simplemente hacen estas cosas para llamar la atención y mostrarse sexys o audaces.

Pero en el fondo, la razón más profunda y común por la cual una chica pude incursionar en estas costumbres o juegos es para ganarse afecto y la admiración de otros. Sólo que obviamente esta es una manera tonta de hacerlo. Una buena amiga debe confrontar esta conducta y hacerle ver a esta amiga que si bien en el momento muchos se pueden sonreír ante esta práctica, sólo va a lograr que otros amigos piensen en ella como una chica fácil que para lo único que sirve es para llevarla a la cama.

91. ¿Qué tan malas son las drogas? Y, ¿cómo puedo ayudar un amigo que tiene este problema?

Drogarse produce una alteración de los sentidos que resulta en algunas o varias de las siguientes pérdidas:

1) Perder la habilidad de entender racionalmente:

Aún en el efecto inicial de excitación y euforia la persona está demasiado estimulada como para hacer pleno uso del razonamiento. Pasado el efecto inicial, se tiene un profundo sueño, depresión, irritabilidad, pánico o algún otro síntoma similiar, y tampoco se está en pleno uso de las facultades mentales. El Dr. Alan I. Lesher , Director del National Institute on Drug Abuse de los Estados Unidos, asegura que "las ultimas investigaciones muestran que aún el uso ocasional de drogas como la cocaína afecta al cerebro de tal manera que este manda señales al cuerpo solicitando dosis aun más grandes de la droga ingerida a la vez que pierde facilidad para accionar sus funciones".

2) Perder la habilidad de comunicarse inteligentemente:

Bajo el efecto de las drogas se hace más difícil articular inteligentemente las palabras. Pero mucho más alarmante es el efecto a largo plazo. Según estudios de la Universidad de California, las drogas pueden llegar a lastimar la región del cerebro que tiene que ver con el habla.

3) Perder el sentido de personalidad e identidad:

Especialmente las drogas con efectos alucinógenos hacen que la persona adicta pierda el estado de conciencia y prácticamente olvide quién es y cómo usualmente se comporta. Los que recurren a las drogas para "olvidar" o escapar suelen buscar conscientemente este efecto totalmente despersonalizador.

4) Perder completa dimensión moral:

Bajo la influencia de estas sustancias a la persona se le distorsionan las barreras entre lo que está bien y es seguro, y lo malo y peligroso. Por ejemplo, es bien sabida la relación de las drogas con el SIDA, porque la persona drogada no toma ninguna medida de precaución, por ejemplo al compartir las jeringas con otros. Incurrir en conductas que en estado consciente la persona condenaría, como matar a un ser querido o la propia auto-mutilación, suele ser normal. De esta manera, crecen dramáticamente las posibilidades de cometer un crimen.

5) Perder la correcta dimensión de las distancias:

También es bien conocida la relación entre los accidentes de transito y la drogadicción. Así como en una borrachera, algunas drogas confunden a la persona a tal punto que le es difícil mantener el equilibrio y calcular las distancias.

6) Perder la correcta percepción de los colores, texturas y tamaños:

Cuando se llega al extremo de las alucinaciones, todo empieza a confundirse. Obviamente, esta es una situación muy peligrosa para cualquier individuo. La alteración cada vez mayor de los sentidos de la persona adicta a alucinógenos suele producir severos trastornos psiquiátricos.

7) Perder la percepción del tiempo pasado, presente y futuro:

La confusión en la dimensión temporal es otro de los efectos conocidos. Pasada la influencia de las drogas, muchos jóvenes ni se acuerdan de lo que hicieron y pueden estar por horas confundidos respecto de dónde están, por qué, y a dónde iban.

Por último, déjame decirte que las adicciones en general son la primera causa de muerte en el mundo. También son la primera causa de defectos congénitos y, según datos suministrados por el gobierno de México, están presentes en:

- 3 de cada 10 pacientes en hospitales generales
- 5 de cada 10 pacientes en instituciones de salud mental
- la mitad de las muertes por accidentes de transito, incendios, ahogamientos y suicidios
- 6 de cada 10 homicidios
- 4 de cada 10 asaltos
- 6 de cada 10 casos de abuso a menores
- 6 de cada 10 casos reportados de violencia en el hogar

Esta es la escalofriante realidad de lo que se "logra" con las drogas. Por eso, si un amigo tuyo se está drogando, es urgente que le hables claro acerca de cuáles son los peligros. Y si verdaderamente lo amas, también es necesario que hables con algún adulto responsable y le digas lo que tu amigo está haciendo. Sí. Aunque lo pueda tomar como una traición, es mejor salvarle la vida que permitir que se la arruine por una practica verdaderamente estúpida...

92. Estoy deprimida, ¿qué puedo hacer?

Puse "deprimida" sólo para variar, porque en realidad esto nos sucede a hombres y mujeres por igual. La depresión es un enemigo silencioso que ataca a millones de personas en el mundo, y lo hace con o sin causa. Digo eso porque hay circunstancias que obviamente nos empujan a un estado de tristeza profunda. Por ejemplo, la muerte de un ser querido es una causa obvia de tristeza, de la cual lleva tiempo recuperarse.

Pero algo diferente es la depresión "crónica" o la condición depresiva, que es algo que perdura en el tiempo y que siempre encuentra alguna nueva razón de ser. Te sorprendería saber cuántas personas padecen este mal.

Por un lado, algunos indican que hay un factor químico. Es sabido que nuestros cuerpos y aún nuestras mentes son una composición de diferentes materias, y las proporciones de una u otra sustancia pueden hacer una gran diferencia en como nos sentimos. Incluso, algunos doctores creen que la depresión durante la adolescencia puede ser una cuestión hormonal.

Pero por otra parte, la depresión puede ser un mal psicológico, o hasta espiritual. La verdad es que, sea cual sea la causa, necesitas buscar ayuda y no quedarte esperando a que una mañana algo te borre la depresión mágicamente.

Mira lo que la Biblia nos dice:

"El Señor está cerca de los quebrantados de corazón, y salva a los de espíritu abatido." (Salmos 38.18)

"...quien nos consuela en todas nuestras tribulaciones para que con el mismo consuelo que de Dios hemos recibido, también nosotros podamos consolar a todos los que sufren." (2 Corintios 1.4)

También el apóstol Pablo nos habla de una debilidad que le producía mucha frustración, y relata lo siguiente:

"Tres veces le rogué al Señor que me la quitara; pero él me dijo: «Te basta con mi gracia, pues mi poder se perfecciona en la debilidad.» Por lo tanto, gustosamente haré más bien alarde de mis debilidades, para que permanezca sobre mí el poder de Cristo." (2 Corintios 12.8-9)

Dios te ama y quiere lo mejor para tu vida, por lo que sería necio no confiar en Él y no depositar tus tristezas en sus manos. Visita luego un medico o psicólogo cristiano (es una tontería creer que los psicólogos son malos o que son para los locos), y también habla con tus pastores. Si hay algo espiritual que te está oprimiendo, necesitas oración de otros también. Sea como sea, no pierdas nunca la esperanza de dejar atrás esos sentimientos y cualquier situación que te esté haciendo sentir de esta manera.

93. ¿Qué debo hacer cuando alguien me cuenta que en su casa le pegan con violencia?

Obviamente quien te está contando eso es una persona herida, así que lo primero es escucharla con atención y afirmarle que es alguien valioso para Dios y para ti. (Si conoces bien a la persona este es el momento de resaltar sus cualidades. Dile: "Tú eres..." y elógiala). Luego pregúntale por qué te lo cuenta. ¿Quiere denunciar a sus padres? ¿O sólo se está descargando? Déjale bien claro que denunciar a quien le pega es una posibilidad muy evidente. Seguro que no es una situación fácil pero, si estamos hablando de violencia física continua, entonces estamos hablando de una situación muy peligrosa.

Para ayudar es muy importante que establezcas dos cosas. Primero, deberás averiguar si esto es algo que ha ocurrido varias veces o fue un hecho aislado. Y segundo, tendrás que involucrar a un adulto para asegurarte de que esto es verdad y no una exageración o una mentira. ¡Te sorprenderías de lo que un adolescente herido o emocionalmente perturbado puede llegar a decir sin medir las consecuencias! Claro que si hay pruebas como moretones o cortaduras estamos hablando de hechos bien específicos que es necesario denunciar. Insisto con esa palabra porque el abuso físico a menores es un delito y por eso debes dar este segundo paso con seguridad. Aunque este chico o chica te suplique que no digas nada a nadie, déjale muy claro que no puedes callarte y que es por su bien. En muchas ocasiones el temor a las represalias de quien le pega es lo que frena a las víctimas de contarlo a un adulto, y también influye la vergüenza de que descubran su situación, pero está bien probado que la denuncia genera temor en el abusador (es decir, el padre o madre se asusta de que el pegarle con violencia a su hijo pueda meterle en la cárcel, y de que su hijo haya tomado cartas en el asunto al hacer la denuncia).

Por último, no escuches una situación como esta y luego te desentiendas. Aunque hables también con un adulto, mantente al tanto. No hace falta que le preguntes a la persona todo el tiempo si ha vuelto a ocurrir, pero este es un tema demasiado serio como para hacer de cuenta que no pasó nada. Sobre todo si se trata de un amigo, tienes que asegurarte de que esta situación esté bajo control de manera definitiva.

94. Mi amiga está todo el tiempo enojada o triste, y siempre se viste de negro. ¿Debo alejarme de ella, o cómo puedo ayudarla?

En principio te diría que no te preocupes tanto si tu amiga se viste de negro, de rojo, o de amarillo, porque en general la ropa no sólo refleja el estado de ánimo de la persona sino (y mucho más frecuentemente) que refleja la moda. A veces la vestimenta refleja una moda general (si este año está de moda usar jeans rosa con lunares verdes, entonces a todos les parecen hermosos y las chicas gastarán lo que sea para comprarlos... aunque el año que viene los tengan que tirar a la basura y comprarse los jeans a rayas amarillas y violetas que estén de moda entonces). Y otras veces la vestimenta refleja la moda particular de alguna tribu urbana (hay varias tribus que se visten de negro, hay otras que se visten como raperos, y muchas más), con lo cual el que tu amiga se vista de negro probablemente tenga más que ver con su necesidad de "pertenecer" que con otra cosa. (Aunque si esta necesidad es muy exagerada, también requerirá ayuda en ese sentido).

Pero en este caso particular, me estás contando que además de vestirse de negro tu amiga está todo el tiempo enojada y triste. Esto sí, estoy de acuerdo contigo, es para preocuparse. Por supuesto, tu actitud como cristiana no debe ser alejarte de ella (salvo que existiera algún peligro real para ti), sino que debes intentar ayudarla.

Intenta conversar con ella para detectar qué es lo que la tiene enojada o triste, y luego, dependiendo del caso, compártele la paz que solo Dios le puede dar. Si está enojada con algo o con alguien, deberá perdonar. Si está triste, deberá dejar que el Señor la consuele. Pero no pienses tanto en lo que le vas a decir, porque en el momento el Espíritu Santo te dará las palabras adecuadas para hablar.

Por otra parte, en la mayoría de los casos es mucho mejor escuchar que hablar. Puede que eso sea lo único que esté necesitando la persona: alguien que la escuche. ¡No te imaginas cuántas personas andan tristes por el mundo, sintiendo que nadie se interesa por ellas! Y, lo que es más importante, a través tuyo tu amiga puede descubrir que no solo tú estás interesada en su vida, sino que Jesús también lo está. No habrá nada en el mundo que pueda hacerla más feliz que eso...

95. Cuando una chica queda embarazada de su novio, ¿es correcto que se casen en seguida?

En América Latina, y en especial en el ámbito cristiano, es muy común que se crea que la solución a un embarazo que fue producto de tener relaciones sexuales fuera del matrimonio sea casarse en seguida. Incluso se lo llama "casamiento de apuro", y muchas veces la urgencia es también para tapar o esconder el error, intentando hacer creer que el bebé fue concebido en la luna de miel y no unas semanas antes (aunque siempre hay alguna vecina desconfiada sacando las cuentas, sobre todo cuando nace algún "sietemesino"...)

Esta costumbre nace de la idea (correcta, por cierto) de que el acto sexual y el embarazo deben ocurrir en el marco del matrimonio, y es entendible que ese sea el deseo de los padres y de algunos seres queridos de los jóvenes que quedaron embarazados. Pero **es una equivocación intentar arreglar un error con otro error,** y en general el "casamiento de apuro" es nada más que una solución aparente. No es que el matrimonio sea un error, pero en el contexto de hoy casarse con la persona equivocada sí lo es, y por eso no es conveniente que si dos jóvenes quedan embarazados fuera del matrimonio se tengan que casar automáticamente. El embarazo sería una razón importante para hacerlo, pero no puede ser la única.

Mi recomendación siempre que se me han planteado estos casos ha sido ayudar a ambos jóvenes y a sus familias a hacer una pausa para pensar en todo lo que está en juego. En muchas ocasiones me he dado cuenta de que lo primero en lo que algunos padres y líderes cristianos están pensando es en las apariencias, y a esa definitivamente no es una razón valida para acelerar un matrimonio. Los jóvenes deben estar listos para hacerse cargo responsablemente de sus actos y de sus consecuencias, las cuales en esta circunstancia ponen en juego la vida de otra persona (el bebé que va a nacer).

Además, hay que analizar cada caso en particular, porque no hay dos situaciones iguales. No es lo mismo una pareja en la que la chica tiene 15 años y el chico 17, que una pareja en la que ambos tienen 25 ó 26 años de edad, están por recibirse y trabajan. No es lo mismo un chico y una chica que se conocieron en una fiesta una noche y decidieron tener relaciones sexuales, que una pareja en la que llevaban 6 años de novios y estaban ahorrando para casarse el año que viene. Y, por supuesto, hay que escuchar lo que sienten y piensan los jóvenes protagonistas, no sólo sus padres.

Por otra parte, un paso muy importante que normalmente se omite es ayudarlos a pedirse perdón el uno al otro, y por supuesto también a Dios. A Dios, por haberlo desobedecido. Y el uno al otro porque sin quererlo se han lastimado y perjudicado mutuamente. La irresponsabilidad de cada uno en mantener relaciones sexuales fuera del marco de seguridad que brinda el matrimonio, ha perjudicado al otro, porque ya sus vidas no serán las mismas. Ya sea que se casen o no, ahora ambos son responsables de una pequeña criatura, y deberán ocuparse de cuidarla y de trabajar para mantenerla, y probablemente esto afecte sus planes si es que tenían planeado estudiar una carrera, y además, en caso de que no se casen, el tener un hijito o una hijita será de influencia a la hora de iniciar una nueva relación con otra persona (porque, admitámoslo, los niños son hermosos pero no a todo el mundo le resulta fácil entablar una relación con un novio o novia que ya tiene un hijo con otra persona... incluso en algunos países he oído que se dice de esta muchacha o muchacho que "viene con mochila", refiriéndose a la carga extra que es el hecho de ya tener un niño).

En resumen, no hay ninguna obligación bíblica ni es siempre lo mejor casarse de apuro. Hay que analizar cada caso, escuchar a las partes involucradas, pedir perdón para restaurar la relación entre ellos y con Dios... y luego orar pidiendo mucha sabiduría al Señor para poder tomar el camino que sea mejor para todos los involucrados.

96. ¿Cómo puedo ayudar a mis amigos que están metidos con pandillas?

Muchos jóvenes buenos toman decisiones torpes. Así es que muchos jóvenes se meten en pandillas por verse bien ante los demás, o porque la sociedad les ha dado amigos pandilleros. Lo bueno en este caso es que tengan un amigo como tú interesado en ayudarlos.

La mejor consejería siempre es individual. No se trata de sermonearlos, sino de que de a uno sepan lo que piensas. Habla claro y marca tus fronteras, no sea cosa que ellos te disuadan para que pienses que "no está tan mal y todos lo hacen" y ellos sean una mala influencia para ti.

Muchos jóvenes que se involucran en pandillas lo hacen porque tienen un contexto familiar demasiado pobre en todo el sentido de la palabra, y entonces en la pandilla es donde encuentran una familia alternativa en la que creen sentirse más protegidos.

El problema con las pandillas es que en muchos casos son cuna de violencia y delitos. Si tienes amigos cometiendo ya delitos, pide a Dios mucha sabiduría y sé muy valiente en confrontarlos (si es que consideras que son verdaderamente tus amigos), pero recuerda que tu función no es "arreglarlos" sino mostrarles con tu ejemplo una alternativa para su conducta, y estar ahí para ayudarlos cuando te quieran escuchar.

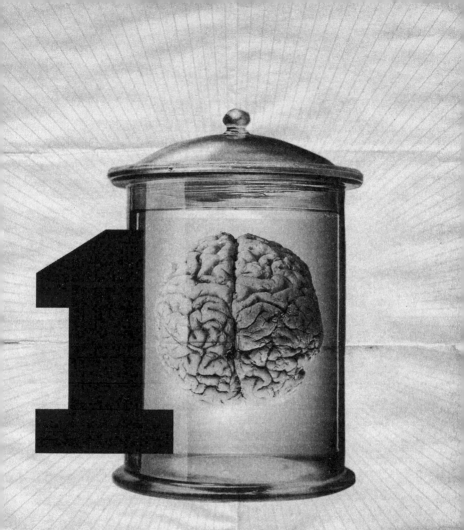

PREGUNTAS PERSONALES

SIEMPRE QUE LLEVO A CABO LA DINÁMICA DE PREGUNTAS QUE GENERÓ LA IDEA DE ESTE LIBRO RECIBO MUCHAS PREGUNTAS DE JÓVENES QUE QUIEREN SABER ALGO ACERCA DE MI VIDA. AL PRINCIPIO ME PARECÍA GRACIOSO Y NO LES PRESTABA ATENCIÓN, PERO LUEGO ENTENDÍ QUE MUCHOS QUIEREN SABER ACERCA DE LA VIDA DE ALGUNOS LÍDERES CRISTIANOS PORQUE QUIEREN SABER CÓMO FUNCIONA ESO DE DEDICARLE LA VIDA A JESÚS.

"Los ojos de Dios ven los caminos del hombre; él vigila cada uno de sus pasos."
Job 34.21

97. ¿Es verdad que Marcos Witt duerme con calzoncillos a lunares, Dante Gebel usa peluca, Lucas Leys se besa a escondidas con la rubia que maneja su calendario, y otros chismes de ministros?

Todo depende de a quién le preguntes. En el caso de Marcos hay diversas fuentes que han confirmado esa versión. En el caso de Dante sólo es cuestión de intentar tocarle el pelo, si te dejan los ujieres. Y en el caso de Lucas es una absoluta verdad. Me encargo todos los días de darle besos a mi esposa, y a veces lo hago cuando nadie nos ve.

Siempre habrá rumores y chismes acerca de los líderes, pero a veces hacen mucho mal. Les hacen mucho mal a los ministros calumniados y le hacen mal a la Iglesia en general. Claro que al decidir tener un ministerio público uno está decidiendo ponerse a merced de la opinión de la gente, pero todos tenemos que saber diferenciar entre opinar sobre lo que escuchamos de la boca del ministro, y sobre lo que escuchamos que nos dijo alguien que dice que escuchó a una persona decir que el ministro dijo o hizo...

Esta práctica de calumniar y criticar con inventos se está haciendo más y más común entre los cristianos de hoy gracias a la Internet. Hoy en YouTube y en las comunidades y redes sociales de la web es muy fácil criticar y sembrar calumnias desde el anonimato, pero no creo que eso sea beneficioso para nadie. En especial no creo que eso le alegre al Señor.

También es muy común el chisme en los grupos de amigos, en las escuelas secundarias, e incluso dentro de las iglesias, y esto es muy triste.

La Biblia nos enseña:

"No andes difundiendo calumnias entre tu pueblo, ni expongas la vida de tu prójimo con falsos testimonios. Yo soy el Señor." (Levítico 19.16)

Recuerda esto antes de abrir la boca, ya sea para originar o para repetir un chisme que hayas oído. Antes de repetir algo que escuchaste debes asegurarte de que sea verdad y de que el propósito de compartirlo sea bendecir o hacer bien a los demás. En general, los chismes no cumplen con ninguno de estos dos requisitos.

Y por último, una palabra especial sobre juntarte con personas chismosas: ¡No lo hagas! Si tienes amigos o amigas que son chismosos, intenta primero hacerles ver que esto está mal, que reconozcan que es pecado y que dejen de hacerlo. Pero si no lo entienden, mejor apártate un poco, ya que tarde o temprano llegarán las consecuencias. Fíjate lo que dice la Biblia:

"El perverso provoca contiendas, y el chismoso divide a los buenos amigos." (Proverbios 16.28)

Si quieres vivir en paz, sin contiendas ni divisiones, aléjate de los chismes y de los chismosos.

98. ¿Cuándo supiste que tu esposa iba a ser tu esposa?

Mi esposa es lo que verdaderamente se dice mi media naranja. Ella me acompaña y complementa en todas mis aventuras de la vida. Cuando alguna vez me desespero, ella es la que me llena de esperanza. Cuando alguna vez me desanimo, es ella la que me empuja a seguir soñando.

Pero esto no ocurrió de la noche a la mañana, ni fue una decisión mágica la que me llevó a escogerla. Seguro que hubo atracción física y conexión emocional, pero lo que me hizo saber que ella iba a ser mi esposa ideal fue reconocer aún antes de ser novios que ella tenía un proyecto de vida similar al mío y que compartiríamos muchas metas.

Mi primer recuerdo de tener eso claro fue cuando escuché a su hermano decir que Valeria se iba a casar "con un apóstol Pablo". Yo le pregunté a qué se refería, y él me dijo: "Mi hermana necesita a su lado un hombre que vaya para adelante y dé todo por la causa de Cristo. Alguien que sea un líder que influencie a muchos a seguir a Cristo". Sus palabras me dejaron impresionado porque yo soñaba con convertirme en esa clase de hombre, y **si ella iba a necesitar un hombre así, entonces un hombre así iba a necesitar una mujer que tuviera esa clase de sueños.**

Luego de hacernos amigos y de compartir muchas cosas en el servicio a la juventud, fui confirmando eso y entendiendo que ella tenía todas las características que yo deseaba en mi compañera ideal. En mi caso, y aunque ella es hermosa, no fue que primero me enamoré de su aspecto físico y luego vi las cosas lindas de su carácter, sino que primero vi las cosas hermosas de su personalidad y luego me fui enamorando. Y parece que eso sí funciona, porque hoy, muchos años después, tengo que decir que estoy enamorado de ella (y gracias a Dios ella enamorada de mí) aún más que el día en que nos casamos.

99. ¿Siempre supiste que ibas a ser un conferencista internacional y liderar un movimiento como Especialidades Juveniles?

No y sí. Siempre digo que soy el primer sorprendido de que Dios me permita hacer lo que hago, y tengo muy en claro que no me merezco ninguno de los privilegios que Dios me ha concedido. Pero sería deshonesto decirte que nunca se me ocurrió que algo así iba a pasar.

Desde que tengo memoria he tenido una inclinación natural al liderazgo, y desde muy pequeño resultó evidente que no tenía ninguna dificultad en hablar en público. Me acuerdo de tener problemas desde muy niño por querer mandonear a mis vecinos de mayor edad, y por pelearme en la escuela con mis compañeros que tenían cuerpos más grandes que el mío (que eran prácticamente todos) cuando no querían hacer lo que yo decía o yo no quería hacer lo que ellos decían. También recuerdo que a los siete años me pusieron a ser el maestro de ceremonias de los actos escolares y no dejé de hacerlo hasta que terminé el primario, y que gané varios debates intercolegiales en mi adolescencia. Así que si bien no sabía exactamente qué era lo que iba a ocurrir, sabía que fuera lo que fuera iba a incluír liderar y hablar...

Si revisas mis respuestas a las preguntas referidas al llamado y la vocación verás que creo que **Dios no nos hace "en serie.**" Él pone un especial cuidado en cada uno de nosotros, y cada uno puede hacer cosas que nadie más puede hacer. Incluso nuestros defectos y debilidades juegan un papel en eso, porque al vencerlos podemos ayudar con autoridad a personas que tienen las mismas luchas que nosotros enfrentamos.

Yo nunca me esperé liderar un movimiento intercontinental como Especialidades Juveniles, ni poder hablar a tantos auditorios importantes. Pero sí me esperé darle lo mejor de mi vida al Señor, y todos sabemos lo que Dios hace con esa disposición...

"Su señor le respondió: "¡Hiciste bien, siervo bueno y fiel! Has sido fiel en lo poco; te pondré a cargo de mucho más..." " Mateo 25.23

100. ¿Cómo haces tiempo para tu familia con tantos compromisos ministeriales?

No se puede tener un ministerio sano sin tener las prioridades en orden, y eso es lo que sucede cuando un padre pone a su familia por encima de todas las otras obligaciones de la vida. Al entender eso es que me tomo muy en serio el crear tiempos de calidad con mi familia. Todas las semanas paso tiempo de exclusividad con cada uno. Juego un rato con mi hijito, escucho alguna historia de mi hijita, y me quedo conversando con mi esposa hasta dormirnos... No siempre es fácil, pero es obligatorio. Los compromisos ministeriales son importantes también, pero mis hijos y mi esposa tienen que tener claro que ellos son más importantes que cualquier otro compromiso. Así que si alguna vez tengo que sacrificar un tiempo con ellos por dedicarme a algo ministerial que sí o sí debo hacer, me tengo que detener antes para afirmarles lo importantes que son y lo que verdaderamente está en mi corazón y muchas veces pedirle permiso a mi esposa. Hago esto porque, aunque no tengo dudas de que el tiempo es importante, más importante es la comunicación inteligente y honesta respecto de cuáles son nuestros valores y prioridades.

Por último, un valioso secreto que tengo es tomarme muy seguido vacaciones en familia. No hace falta que sea algo largo. Puede ser un día y medio o dos nada más. Pero un par de veces al año detenemos absolutamente todas las obligaciones para emprender juntos alguna aventura turística. No siempre tenemos que ir demasiado lejos, pero sí pasar juntos un buen rato fuera de casa. Eso crea memorias positivas y les confirma a los miembros de la familia que para mí nada ni nadie aquí en la tierra es más importante que ellos.

101. Me gustaría escribir un libro. ¿Cuáles son las claves para convertirme en escritor?

Me hace muy feliz cuando tantos jóvenes se me acercan contándome que quieren convertirse en escritores y me preguntan cuáles son las claves para hacerlo. Yo siempre les digo que lo primero es comenzar... Para algunos resulta obvio, pero para otros no, ya que algunos sueñan con un día escribir un libro pero nunca escribieron ni un cuento, ni un poema, ni su propio testimonio.

Entonces la clave numero uno es tomar la iniciativa y comenzar a escribir. No hace falta estar seguros de que el libro vaya a ser publicado por una editorial. De hecho, el escribir solamente porque uno ya tiene un contrato de publicación es una señal que siempre acompaña a los malos escritores. No es por "escribir un libro" que un buen escritor se pone a escribir, sino porque tiene algo para decir, o algo que contar, y le atrae la aventura de hacerlo por escrito.

Y ahí viene la clave numero dos: la lectura. Sí, así es. Si quieres ser un buen escritor o escritora tienes que familiarizarte con los libros. En especial, con el tipo de libros que sueñas escribir. Si te gustaría escribir una buena novela, tendrás que leer muchas novelas. Si lo que sueñas es escribir libros con consejos para jóvenes, entonces lee muchos libros con consejos para jóvenes. El objetivo no es copiarlos, sino que al familiarizarte con la lectura inconscientemente estarás también aprendiendo a escribir.

La tercera clave que es importante mencionar es que la excelencia se logra por medio de la práctica. Para aprender a escribir hay que practicar, y eso no se hace solamente escribiendo y ya está, sino revisando y mejorando una y otra vez lo que ya escribiste. Para esto puedes, además, pedirles ayuda a otras personas cuya opinión valores, para que puedan leer tus manuscritos y aconsejarte. ¡Manos a la obra!

PISTAS FINALES

¿Te han surgido más preguntas? ¡Ese era también mi objetivo! Escribí este libro con el sueño de provocarte a encontrar respuestas.

Hay muchas preguntas que esperan ser respondidas, y quienes queremos progresar y salir de la ignorancia no podemos quedarnos de brazos cruzados. Eso sería rendirnos, y a mí no me gusta rendirme y espero que a ti tampoco.

Lo que te recomiendo de todo corazón es que no te quedes con tus preguntas guardadas. Escríbelas. Exprésalas. Compártelas en Facebook o en un blog. No las escondas.

Puedes hablar con tus padres, con tus líderes, con tus pastores, o discutir sobre ellas con tus amigos.

Claro que también puedes buscarme en las redes sociales o en mi web personal **www.lucasleys.com** o escribirme a **info@especialidadesjuveniles.com** para dejarme tus inquietudes. ¿Quién sabe? Tal vez dentro de algún tiempo se escriba un libro titulado **"Otras 101 preguntas difíciles (y otras 101 respuestas directas)"** y tu pregunta pueda formar parte...

ENCUENTROS AL LÍMITE

LUCAS LEYS

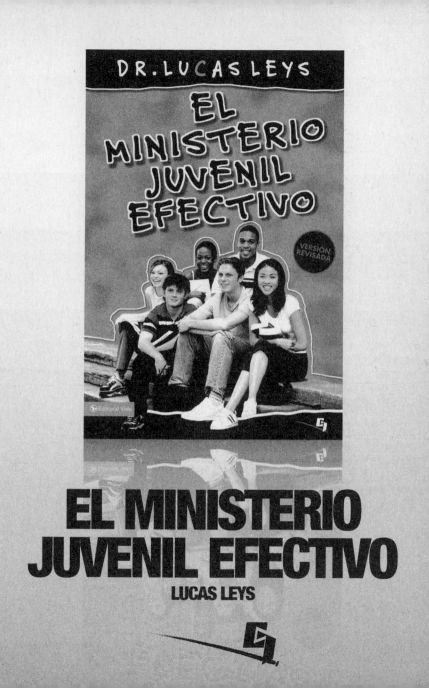

EL MINISTERIO
JUVENIL EFECTIVO

LUCAS LEYS

Nos agradaría recibir noticias suyas.
Por favor, envíe sus comentarios
sobre este libro a la dirección
que aparece a continuación.
Muchas gracias.

vida@zondervan.com
www.editorialvida.com